思维导图教学法

写给中小学老师的思维导图课

李媛 著

中国青年出版社
CHINA YOUTH PRESS

图书在版编目（CIP）数据

思维导图教学法：写给中小学老师的思维导图课 / 李媛著.
—北京：中国青年出版社，2020.1
ISBN 978-7-5153-5831-4
Ⅰ.①思… Ⅱ.①李… Ⅲ.①教学研究—中小学 Ⅳ.①G632.0
中国版本图书馆CIP数据核字（2019）第210168号

思维导图教学法：
写给中小学老师的思维导图课

作　　者：李　媛
策划编辑：刘　吉
责任编辑：胡莉萍
美术编辑：杜雨萃
出　　版：中国青年出版社
发　　行：北京中青文文化传媒有限公司
电　　话：010-65511270/65516873
公司网址：www.cyb.com.cn
购书网址：zqwts.tmall.com
印　　刷：北京博海升彩色印刷有限公司
版　　次：2020年1月第1版
印　　次：2021年1月第3次印刷
开　　本：787×1092　1/16
字　　数：120千字
印　　张：15
书　　号：ISBN 978-7-5153-5831-4
定　　价：59.90元

Contents 目 录

推荐序一

FOREWORD

李媛女士是一位成功的东尼·博赞认证导师（TBLI），从我的导师的课程中获得许多思维导图知识。她在自己的新书中展示了这些专业知识，真正重现了思维导图的概念和更多的使用技巧，有助每位老师和东尼·博赞认证从业者利用其更高效地工作和学习。

我希望，在李媛女士这样经验丰富的东尼·博赞认证导师带动下，更多的中国人参与到世界思维导图锦标赛中，利用脑力认知最终释放其思维能力！

东尼·博赞

世界脑力锦标赛和全球博赞中心

World
Mind Mapping
Championships

WORLD MIND MAPPING CHAMPIONSHIPS

MENS SANA IN CORPORE SANO-A HEALTHY MIND IN A HEALTHY BODY

Founded by Tony Buzan and Raymond Keene OBE

As a successful Tony Buzan Licensed Instructor (TBLI), Ms. Li Yuan has demonstrated the expertise in Mind Map that she learned from my instructor's course in her new book which has truly and faithfully reflected all original ideas and techniques of Mind Map for all teachers and Tony Buzan Certified Practitioners to apply in their work and study with higher efficiency.

With more experienced TBLIs like Ms. Li Yuan, I hope there will be more people in China who will participate in the World Mind Mapping Championships, harness their metal literacy and finally unleash their mind power!

www.tonybuzan-asia.com

推荐序二

FOREWORD

李媛老师邀我为她的教学实践书撰写一篇序言，我是诚惶诚恐实不敢当的，因为我并不熟悉用思维导图来进行教学实践，所以只能从自己的角度谈一些粗浅的简单看法。

最初，我以为是一本讲解绘制思维导图的书，这类书市场上已经有不少了，单从方法上而言并无太多的探讨余地。当时确实有些不置可否的心理，因为思维导图需要更多的是实践。

结果有些意外，李老师是想将思维导图直接用于课堂教学的实践总结成专为中小学老师服务的工具书，这种想法的确是一位老师应该追求的。

我和李媛老师结识是因为思维课程的因缘，对工具性的操作我个人完全算是个外行，但并不代表我排斥这样的方式。如果我小的时候能有老师用这种工具教学，我想自己大概也会喜欢的。毕竟，年轻的时候总是需要多记忆一些知识，这些知识有时候在当时并不能消化，要逐渐经历之后才能吸收。而且上学时的记忆是十分牢靠的，往往是终身难忘，所以我也常告诉青少年朋友要多背诵勤记忆，而思维导图是一个帮助记忆甚至分析问题的好工具。

思维导图的概念和基本原理并不复杂，是英国人东尼·博赞先生系统提出并加以推广的一种能帮助人们梳理知识和整理思维过程的图像化的工具。这种方法被系统推广的时间并不长，但传播的范围和领域是非常广的，可见，这种简单易操作的方法是很受人喜欢并且有效的。

而李媛老师也获得了博赞先生的最高肯定，李老师拿去的一幅导图是画的我的思维课的内容，我也觉得自己多少有点功劳在里面吧。李老师嘱我写个序言，其实因我并未深入地实践过思维导图的教学，严格说来是无法评价这本书的。但因为李老师对这一领域的热情和付出的决心的确感动了我，当然我更希望能有更多的人加入到这样的教学实践中来。无论如何，教育都是值得所有人参与和投入的事，能有一个好的方式让孩子们多些学习的兴趣和动力总是值得的。

希望李媛老师能继续努力，不断进取，创作出更多更好的接地气的教学工具和方法来！这是一项惠及无数学子的大好事，祝愿全天下的学子们都能找到自己的学习方法，快乐学习幸福成长！

孟云剑

洙泗书院国学院院长

有书研究院特邀顾问、思维课主讲人

2019年4月29日

自　　序

PREFACE

我与思维导图教学

写这本书，源于某段时间突然自问的几个问题:

未来的孩子到底需要什么能力?

我到底要成为怎样的教师?

如果5年后这个世界会因为我有所改变，会是因为我做了什么事?

其实在成为一对儿女的妈妈后，看着世界的快速变化，在教育孩子的过程中，我一直在思考。

我的孩子到底需要学习什么能力?

对于孩子们的未来，虽然我无法确定他们的职业、人生方向，但作为母亲，我希望他们能够学到面向未来的能力。

我希望他们学到什么?

未来的时代，他们一定需要终身学习的能力，学习无处无时不在。未来的时代，他们会穿越人工智能时代。世界的变化越来越快，各种设备、软件、机器解放着他们，同时也囚困着他们，那专注力、思考能力、创新能力就会对一个人越来越重要。

当我以母亲的视角期待自己的孩子学到面向未来的能力的同时，同样也作为教师身份的我，不禁反思我自己有没有尽可能地“面向未来而教”。

但我面向第三个问题“如果5年后这个世界会因为我有所改变，会是因为我做了什么事”时，发现除了自己做到尽可能“面向未来而教”，还需要借助更多同行的力量，如果我把自己一些经验分享给他们，他们一定会在我的想法上有更多的能量传递，然后更好地影响更多的孩子。

我个人的成长，来源于我几年前持续系统地学习博赞先生思维导图后，在不断应用中实现了加速的成长。当我把这个工具结合到自己课堂进行实践时，通过国内思维导图在教学领域各种应用的反馈，我发现影响孩子们更好使用思维导图的突破点在教师。因为对于学生来说，很多学生虽主动通过课程、书籍等途径去了解和学习了思维导图，可是，上课老师不用，就算布置思维导图的作业，但大部分作业教师又只是看看或者作为展示后并没有系统用起来。更让学生发愁的是，没有教师的有效引导，学生的学习时间紧张，就没有办法实现长期使用、各种学科用，也不知道还可以怎么用，思维导图也就不能真正成为自己的学习工具。

这个问题怎么处理呢？

我在思维导图的各种理论上进行多次阶段性实践，通过实践进行调整，再实践，最后综合各种理论和经验进行系统构建，摸索形成了“思维导图系统化教学”（Systematic Methodology by Mind Mapping）使用方式，并反复在实践中验证，这样把思维导图用于教学方式的确可以实现更多的可能，更好地满足一线教师的需求。同时，所有学科、所有学段教师都可以在教学中通过灵活使用“思维导图系统化教学”实现教学的更多可能。

用思维导图进行课堂构建，我提倡“思维导图系统化教学”使用。简单来说，要从横向和纵向两个方面同时使用“思维导图系统化教学”。横向上是结合思维导图的多种功能，在学科思维基础上应用系统思维、视觉思维、设计思维等，综合、灵活、有效地把思维导图运用于课堂不同场景，形成教学系统化。比如，构建课堂的管理系统、课堂中的板书设计，引导小组讨论，支撑高效复习，辅助做题思路，重构课堂做PBL项目等。纵向上是每堂课都会至少用到一次思维导图，在融合学科课程目标基础上，持续一个学段（如从初一到初三）不断进阶性地使用。

我相信，如果更多的教师会如此使用思维导图，多个学科都如此使用，那么教师不仅更好地修炼了自己的教学“内功”，更让学生真正地使用上了这个学习工具，助力学生构建“面向未来”的能力。

教师与思维导图教学

教师对于思维导图的认识，主要有三种情况。

第一种情况：看不上思维导图。思维导图对于自己学科有什么用？不就是个“网红”，徒有形式而已。

第二种情况：不会画思维导图。虽然认同思维导图对学习和教学有好处，但是重新学习一个工具，觉得太难太麻烦，又不是必须要学，始终处在观望中。

第三种情况：会画思维导图。会在自己教学中用，但只是在“某些”课堂上用，不会在每堂课上都用，更不会系统地用，即不会全面地、多维地、长期地使用。

教师学习和使用思维导图教学，有三大“痛点”。

痛点一：教学无特色。大部分一线教师都有非常大的潜力，但是，很多教师并未重视自己的个性化成长，认为教学特色是源于个人特色或者学科特色，却忽略还可以通过引入更多的方式。比如，将思维导图作为一种工具的系统使用可以让自己的教学本身就具有特色，甚至通过工具的叠加使用，还可以有更多的特色空间。

痛点二：教学效率不高。很多教师在教学上花费了很多时间，但是教学效果却不尽如人意。有些教师以为是与所教学生的基础有关，但在思维领域，每个孩子都是平等的，排除极特殊情况外，他们都是天生的“全脑”思维者。有些教师也存在一届一届学生教下来，某些方面成了重复劳动，教学迭代和创新不够充分，个人教学成长的空间受限制，每一届的教学实践并没有成为累积个人独特经验的重要途径。

痛点三：教学无系统。我发现很多身边的不少教师虽然教学经验充足，但是不一定有自己的教学系统。比如，开学第一课自己会怎么上，之所以这么上，是因为接下来的课程会如何。这一单元的复习课会怎么上，下次的复习课会怎么上，之所以这么上是因为后面的教学会有什么效果。很多教师只是简单依据教材，对自己的教学缺乏系统构建，某种意义上也就导致教学无特色、效率不高。但如果用上系统的思维，教学里的更多环节和任务就会变得更有意义、更加高效。

使用思维导图系统化教学，可以帮助教学更有特色、教学效率提高、有学科系统、实现个人长线成长等。

在本书的思维导图系统教学中，你会发现任何教师、任何学科都可以在思维导图的基础上进行综合和创新利用，无论是什么课堂、教学的任何环节，你都可以有自己的特色“思维工具箱”帮助你的教学更有特色。

当然，工具的价值更多地在帮助我们提高教学效率。思维导图由于将思维可视化，可以打通单一的语言通道，传递信息，也可以打通传统教学中PPT呈现时的偏线性的呈现，将教学信息系统化呈现、动态呈现，与多种教学方式结合满足多种教学需求，提高教学效率。

对一个教师而言，更重要的是能够借助思维导图，帮助学生去理解和应用学科思维和方法。在这个过程中，教师不仅深入探究了学科的底层思维，更逐步形成自己的学科思维模型，通过一篇篇思维导图打磨自己的学科“知识晶体”，有助在实践中构建出自己的知识体系。

总之，思维导图作为“大脑军工刀”，在使用过程中就像在借助这个工具修炼自己的教学“内功”，在课堂教学输出思维导图的过程中，刺激你产生更多的输入需求，而这些输入又会反过来提升你的思维导图的使用质量和边界。所有的思维导图就成了实践中的知识产品，为你下一次的教学更好地赋能。

有了这本书，身为教师的你，一定会更愿意“为未来而教”。

第 1 章

绘图能力课

LESSON OF DRAWING ABILITY

1.1 翻转课堂版

很多老师在教如何使用思维导图时，第一个难点就在如何短时间内在课堂上让所有学生学会画思维导图，我曾经也是如此。我把这个问题提出来了，也就意味着已经有了好的解决方案。“思维导图+翻转课堂”模式，完全打开了我的教学想象力。

用翻转课堂来教思维导图，让我为我7个班的教学准备实现了时间投资的最大化，效果完全不逊色于后面我要讲的几种方式。学生也觉得通过这种翻转课堂学习思维导图更加容易，可以反复观看温习，还实现了技能类学习示范的另一种打开方式。

准备材料

IPAD PRO里Procreate软件，其他视频编辑器（如Vllo）。

操作说明

1. 打开Procreate自带的视频——慢镜头录制。

2. 在Procreate里手绘一张思维导图，最好是与自己教学相关的内容。

3. 导出慢镜头视频，整个绘制过程可以直接观看。

4. 用视频编辑器（我常用vimo）来放慢速度，加上自己的语音，根据自己的需要可以进行绘制介绍，加背景音乐等。

实操参考

我在第一课结束后，就设计了一个翻转课堂的思维导图版复习，既想让学生通过观看视频了解如何完成一张思维导图的绘制，也是给学生示范如何通过思维导图梳理知识点。

第一步，使用Procreate软件，确认打开慢镜头录制。如图1.1-1所示。

图1.1-1

第二步，开始用IPAD PENCIL绘制一张课程需要的思维导图。绘制完之后导出慢镜头录制，学生会看到整个绘制的动态过程。如图1.1-2、图1.1-3、图1.1-4、图1.1-5所示。

图1.1-2

图1.1-3

慢镜头回放
00:00:22:06
完成
少年有梦
中学时代
中学序曲
重要意义
新阶段
重要基础
机会
集体生活
新课程
社团活动
社会实践
作用
提供 机会
激发 潜能
重塑 "我"
怎么过
珍视 当下
把握 机遇
点滴 × 努力

图1.1-4

慢镜头回放
00:00:37:18
完成
愿望
生活
美好
热情
勇气
生命
激发
是什么
青少年
美丽
人类
为什么
人生目标
个人
"中国梦"
时代
行动
怎么做
努力
生活态度
坚持
立志
方法
少年有梦
中学时代
中学序曲
重要意义
新阶段
重要基础
机会
集体生活
新课程
社团活动
社会实践
作用
提供 机会
激发 潜能
重塑 "我"
怎么过
珍视 当下
把握 机遇
点滴 × 努力

图1.1-5

第三步：导出慢镜头视频，为下一步编辑备用。

第四步：打开视频编辑器，导入刚才的慢镜头视频。如图1.1–6所示。

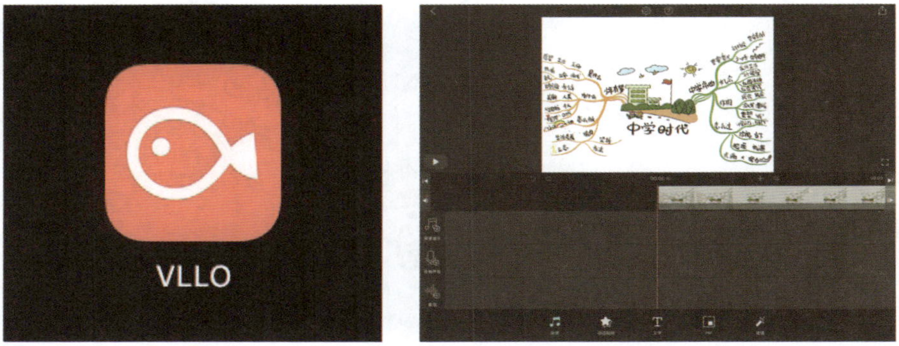

图1.1–6

接下来就可以调整速度，选择下面的选项自由增加声音、文字以及背景音乐了。在这个过程中我加入文字（你也可以同时加入声音），让学生知道画思维导图过程中不同步骤的要点，如图1.1–7、图1.1–8、图1.1–9、图1.1–10所示。

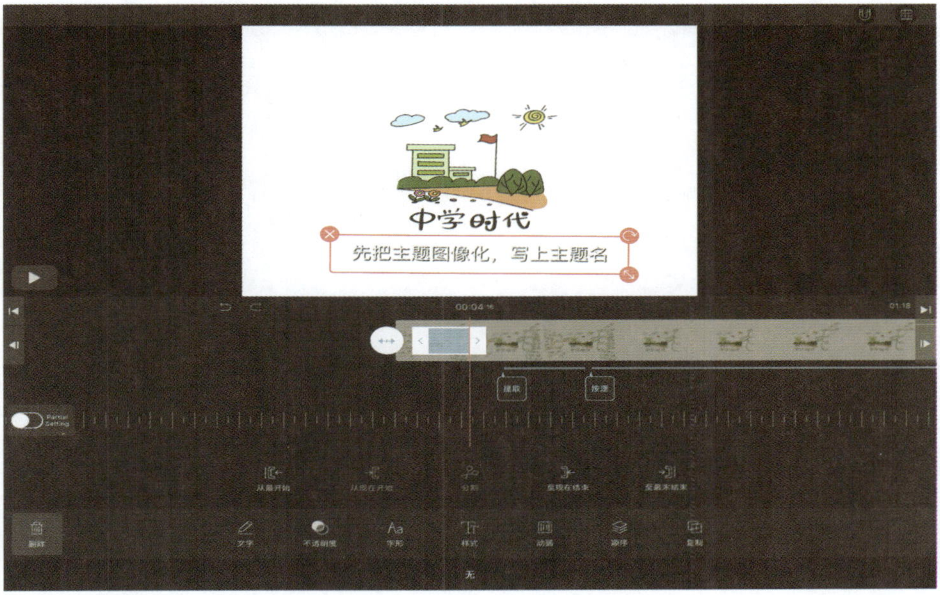

图1.1-7

图1.1-8

按逻辑梳理每个问题要点的关键词，一线一词，词在线上
中学时代
中学序曲
机会
作用
怎么过

图1.1-9

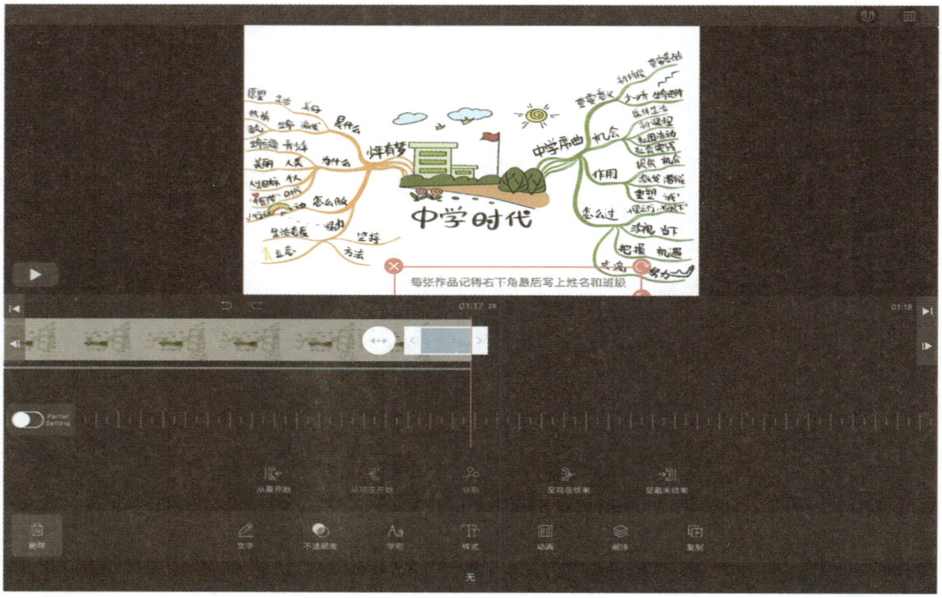

中学时代
中学序曲
机会
作用
怎么过
每张作品记得右下角最后写上姓名和班级

图1.1-10

最后，导出视频保存。学生既可以看到有趣的思维导图绘制过程，也可以看到老师的复习第一课内容的示范。如图1.1–11、图1.1–12、图1.1–13、图1.1–14所示。

图1.1–11

提取问题关键词，一个问题一个分支
中学时代
中学序曲
重要意义
机会
作用

图1.1-12

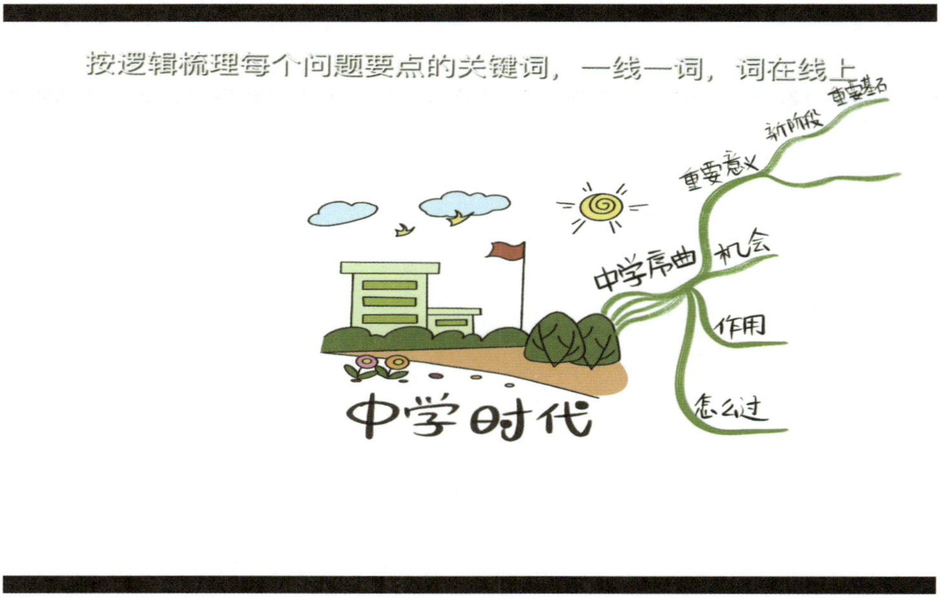
按逻辑梳理每个问题要点的关键词，一线一词，词在线上
中学时代
中学序曲
重要意义
新阶段
重要基石
机会
作用
怎么过

图1.1-13

图1.1-14

学生可以在自习课时观看，或者回家反复观看，然后直接动笔画出自己的第一幅思维导图。

思维工具箱

1. 如果你不会用IPAD PRO画思维导图，还可以直接用IMINDMAP（思维导图软件）+录屏功能，然后再加上声音和文字一样可以实现。

2. 你可以使用现成的思维导图绘制视频，来教会学生如何绘制。当然玩转思维导图魔法课堂，自己首先要会绘制思维导图。

3. 如果不会用Procreate绘制思维导图，还可以用手绘，同时用手机、录像机等录制自己绘制的过程，再进行编辑。

1.2 迷你版

效果更好的学习一定是互动性的，学生们在课堂上一起学画思维导图会是非常有趣的体验。在我们日常的课堂中，如果用一节课时间来教学生画思维导图可能就没有办法讲课程内容，从而影响教学进度。有没有可能拿出一节课的部分时间就能让学生大致掌握呢？当然可以，不过需要教师做好万全的准备工作，才可以顺利地让学生们快速掌握要领。

准备材料

彩笔，纸，PPT。

操作说明

1. 上课前让学生们准备好工具：每人12色彩笔，A4纸（A4绘画本）。

2. 教师打印好思维导图模板，课堂上给每个学生发一张，如图1.2–1所示。

图1.2-1

3. 准备好讲解思维导图的课件，提高课堂效率。

实操参考

在上课前，通过让同学们举手的方式，我进行小调查。为了激发大家的积极性，以及了解每个同学所处的层次，我会问以下三个问题：

1. 哪些同学听说过思维导图？

2. 哪些同学能看懂思维导图？

3. 哪些同学可以画思维导图？

在学生们举手反馈的基础上，我会按照最后获得的信息，让学生临时调整座位，争取让每个组分配到一位会画思维导图的学生。

接下来，就开始使用PPT播放几张思维导图，如图1.2-2、图1.2-3、图1.2-4、图1.2-5所示。

图1.2-2

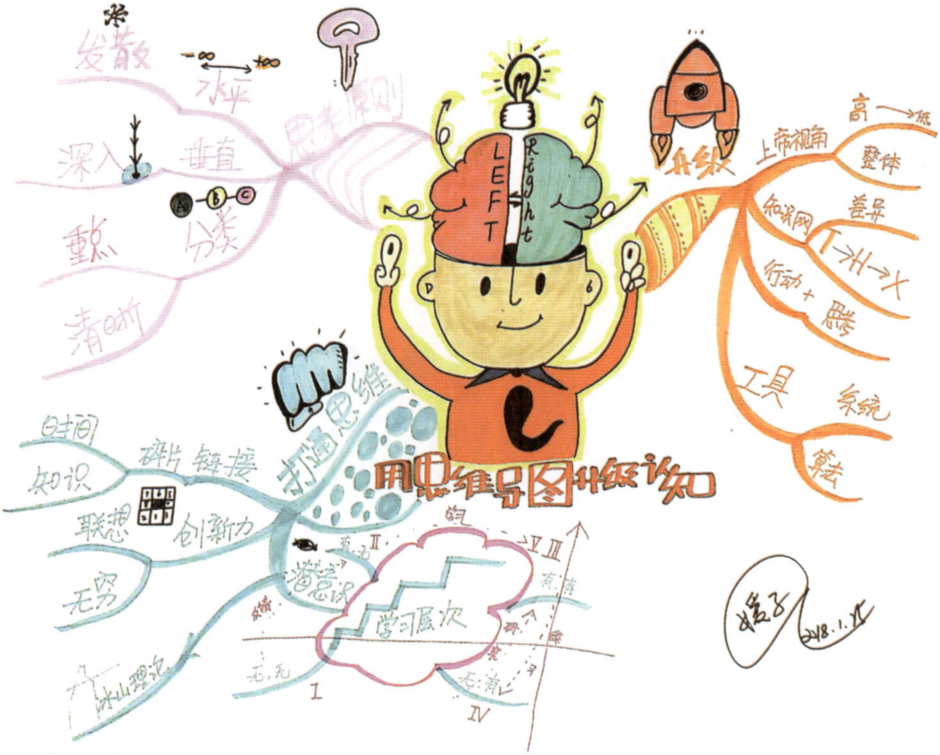
用思维导图升级认知
LEFT
Right
发散
水平
深入
垂直
重点
分类
清晰
升级
上帝视角
高
低
整体
知识网
差异
行动
工具
系统
算法
打通思维
时间
知识
碎片链接
联想
创新力
无穷
潜意识
冰山理论
学习层次

图1.2-3

政权...
人口
国家利益
主权
领土

图1.2-4

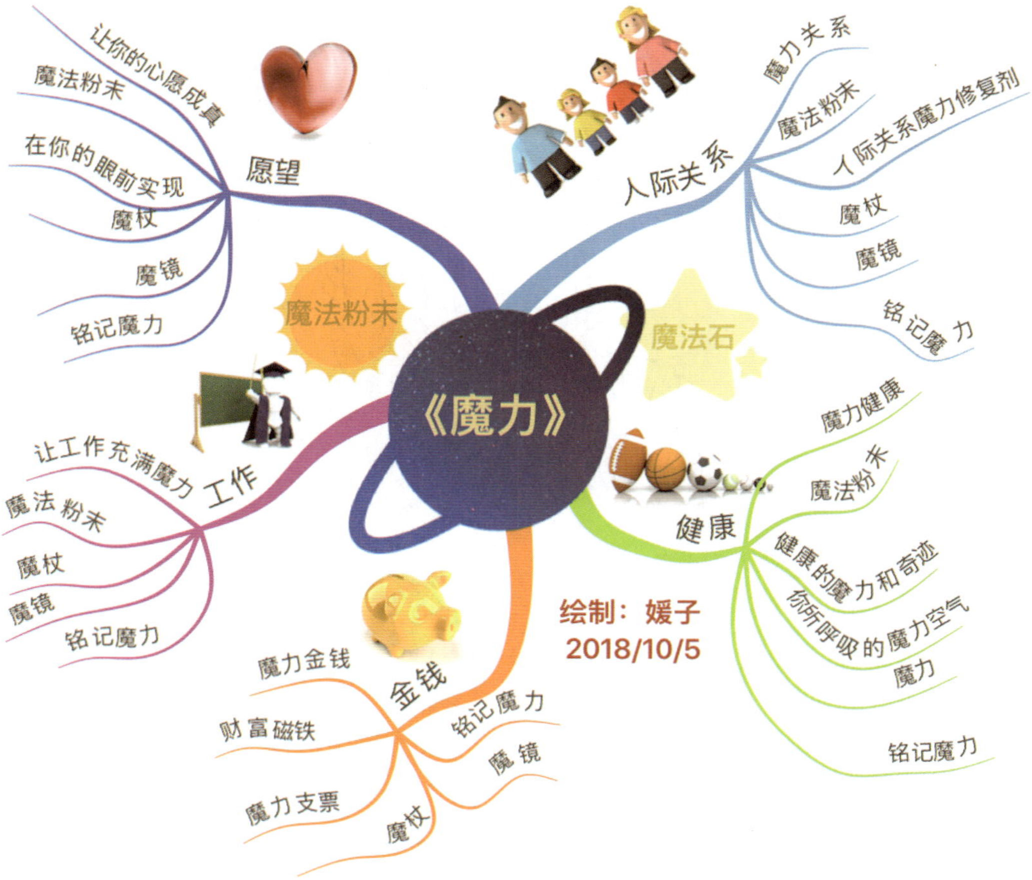

图1.2-5

让同学们观察思考，限时3分钟小组讨论以下问题：

1. 这些思维导图分别由哪几个部分组成？

2. 每个组成部分有什么特征？

在小组讨论过程中，教师需要引导学生的观察方向。

学生们通过整体观察分析，进行分享和补充，就会总结出：思维导图由纸张、分支、关键词、颜色、图像和结构组成。

学生们进行局部观察分析，进行分析和补充，就会发现共性：纸张是白纸，横放，从正中开始，颜色一般大于三种，主题图最好要有标题帮助理解；每个分支颜色不同，分支里又分为一级分支、二级分支、三级分支等，分支的形状是像八爪鱼一样；关键词是在分支上，关键词一般两个字，需要提取，关键词可以用黑色笔写，也可以与分支同颜色；颜色是思维导图的重要元素，大脑喜欢五彩缤纷的世界；图像可以帮助我们记忆和理解，思维导图中的重要信息我们可以加上图像，每个一级分支也常常可以加上图像进行强调。

在引导学生总结出上述内容时，通过PPT进行同步思维导图总结。在学生发现完纸张的规律时，要进行及时总结，加深同学们的印象，也让同学们感受思维导图的魅力，如图1.2-6所示。

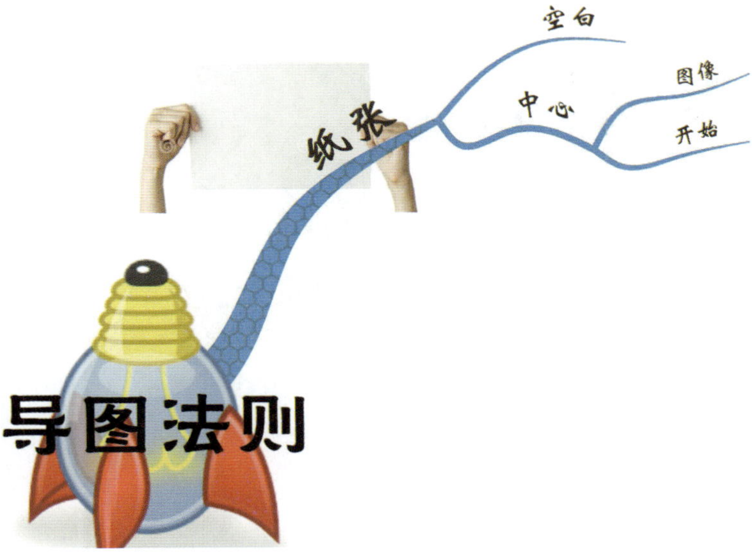

图1.2-6

发现线条的规律后，进行及时总结，如图1.2-7所示。

图1.2-7

发现关键词的规律后，进行及时总结，如图1.2-8所示。

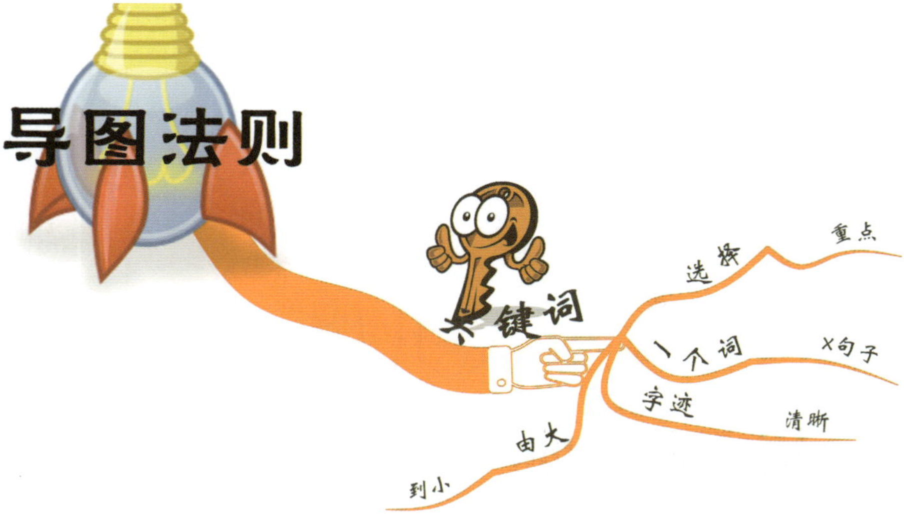

图1.2-8

发现图像的规律后，进行及时总结，如图1.2–9所示。

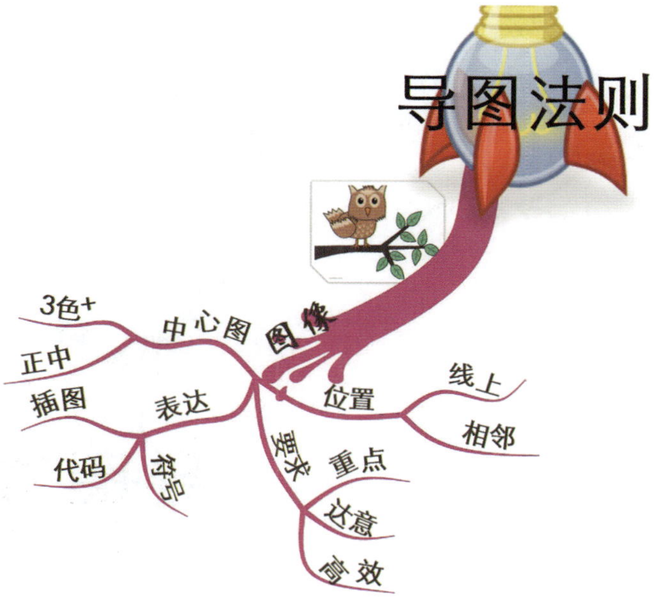

图1.2–9

发现颜色的规律后，进行及时总结，如图1.2–10所示。

图1.2–10

发现结构的规律后，进行及时总结，如图1.2-11所示。

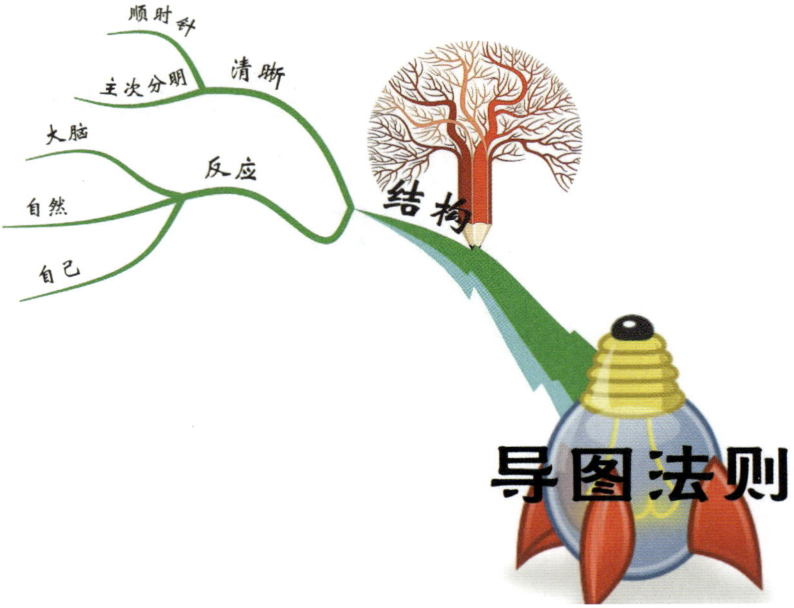

图1.2-11

在这样一步步了解每部分的特征和要求之后，学生既训练了观察能力，又总结出规律，就会迫不及待地想看一张完整的导图法则的思维导图，如图1.2-12所示。

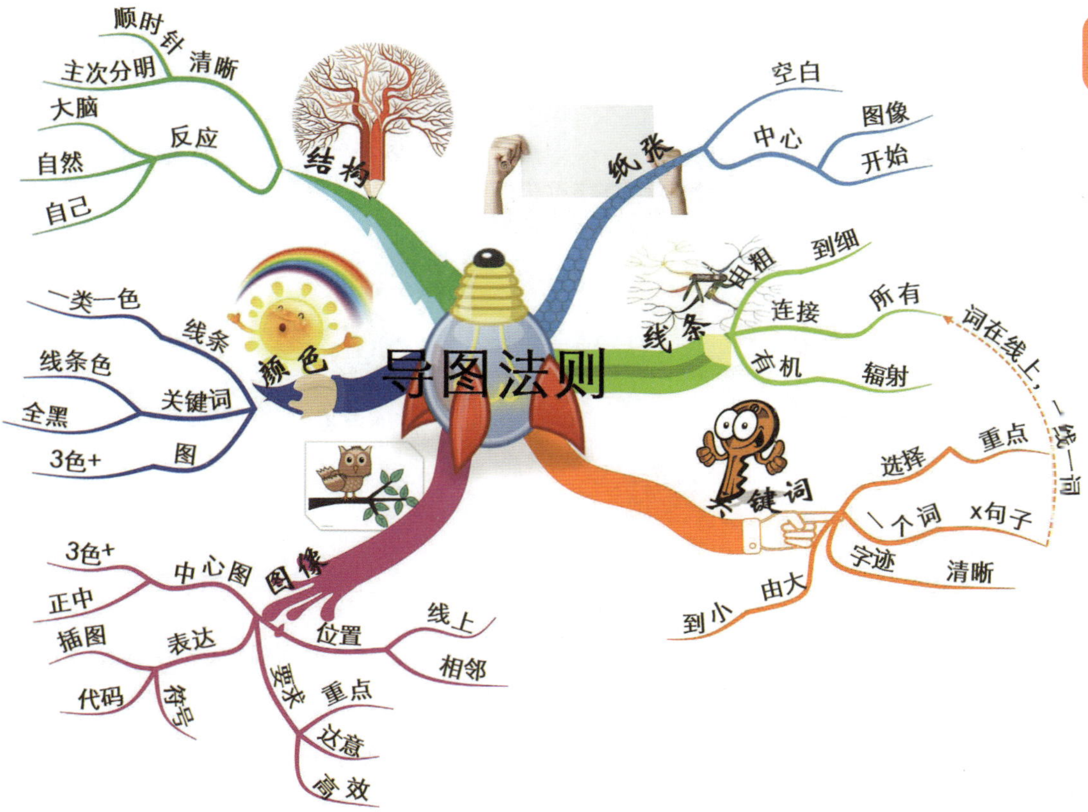

图1.2-12

有了这个“见树也见林”的过程，学生已经体验到用思维导图俯瞰全局的魅力和高效。接下来，就可以给学生发一张思维导图的模板。是的，可以让学生们进一步体验思维导图了。如图1.2-13所示。

图1.2-13

你需要先讲清楚3分钟思维导图体验时间的步骤：

第一步：在主题图上写上自己的姓名；

第二步：用自己的彩笔，不同的主分支选择自己喜欢的颜色，借助虚线，临摹线条，争取一次成型；

第三步：从顺时针1点钟开始，逐个分支填写自己的信息；

第四步：向身边的一位同学用这张图重新介绍自己，让他/她给自己的作品打分（满分10分）。

这种在一节课上抽出部分时间来讲思维导图，需要布置巩固和练习作业。

巩固作业主要是线条方向，同学们需要练习。可以给学生几个模板，让学生由易到难进行练习，再进行创意线条的发挥，启发更多可能。巩固作业可以让学生练习一个与课程相关的简单内容，体验新的学习方式。你不需要担心学生会讨厌做这样的作业，我的学生常常是最先做思维导图的作业。如图1.2-14、图1.2-15、图1.2-16所示。

图1.2-14

图1.2-15

图1.2-16

思维工具箱

1. 如果时间紧张，可以把课堂上小组讨论的内容改成让学生们提前在网上去搜一些思维导图，并问这样的问题：这些思维导图由哪些部分组成？每部分都有什么特征？（可以搜一搜思维导图的创始人博赞先生的故事、阅读相关书籍等，上课时就请学生们直接分享，然后直接进入绘制体验过程。）

2. 如果发现学生对线条的掌握还不够好，可以让学生根据模板有针对性地练习线条。

3. 学生准备状态好，第二个3分钟体验思维导图环节可以不给思维导图模型，教师如果足够熟练，可以用板书同步示范，给出更多时间，让学生一起在白纸上画。

1.3 40分钟版

如果有一节完整的课可以用来教学生画思维导图，那么教师便可以创造更丰富更完整的学习体验。在40分钟里，根据学生的情况和自己希望学生达到的更好的技能练习水平，教师可以构建一个完整的课程逻辑结构。40分钟的时间，对于深入了解思维导图必然是不够的，只有尽可能让教学逻辑完整。这需要教师明确重难点，有针对性地做出详细的教学设计，才能保证良好的课程节奏和互动体验。

我一般会用黄金思维圈（WHY—HOW—WHAT）的逻辑来构建一堂40分钟的思维导图课。在40分钟课堂的思维导图学习中，无法展开更多深入的理论和体验，我就让学生简单体验思维导图的好处。为了提高效率，强化技能点，就需要借图讲图，通过个性化“解码”思维导图，重点通过拆分思维导图的绘制步骤，一方面实现思维练习，画出自己第一幅思维导图，另一方面实现对思维导图的具体认知，最后再通过自己的总结强化对思维导图的认识。

准备材料

彩笔，纸，PPT，计时器。

操作说明

1. 上课前让学生们准备好工具：每人12色彩笔，A4纸（A4绘画本）。

2. 教师通过“你是左脑还是右脑思考者”的小调查和一张对比图来让大家感知思维导图的优势。

3. 教师通过借图讲图，逐步示范和解码思维导图，启发学生的发散思维，体验绘制思维导图的趣味过程。用一幅“思维导图的绘制四部曲”的思维导图进行思维导图绘制四部曲的要点总结。

4. 教师最后引导学生用一句话对自己的这张“思维导图”总结实现思维收敛，学会自己下定义，并进行小组分享和展示，通过讲给别人，强化对“思维导图”的理解。

实操参考

一、WHY：天生全脑+大脑喜欢

上课开始，一方面为了了解学生们的不同习惯，另一方面为了激发学生兴趣，我会让学生根据一张图判断，进行简单的“你是左脑还是右脑思考者”的小调查。

一般学生们都会认为自己是“左脑思考者”或者“右脑思考者”，然后我会请认为自己是“左脑思考者”的学生谈谈原因，然后让认为自己是“右脑思考者”的学生谈谈原因。

当学生们以为我要根据他们的回答分出伯仲之时，我会神秘地告诉学生们：“同学们，你们都中了老师的计啦！”在学生们一头雾水的疑问中，告诉学生“其实我们都是全脑思考者”！这个过程中提醒他们要有批判思考力。在我的课堂中，不盲目迷信所听来的，一切皆可以继续求证。

然后，我给出完整的大脑（左右脑的不同分工）总结：“大家不仅都是全脑思考者，而且天生就是全脑思考者，这是我们每个人的潜能！”

在建立起大家的信心和好奇心之后，我就开启主题，“但是每个人都需要用工具不断激发全脑的潜力，思维导图就是让我们的天生全脑更好发挥的一种思维工具”。

我们刚一起认识了大脑左右脑有不同分工，如果我们想要了解中国的美食，看到这两种情况，会更喜欢什么呢？如图1.3-1所示。

烤鸭、老北京涮肉、驴打滚、艾窝窝、糖火烧、狗不理包子、天津大麻花、耳朵眼炸糕、煎饼果子、糖炒栗子、柴沟堡熏肉、长城饽椤饼、怀安豆腐皮、回记绿豆糕、蔚县八大碗、刀削面、猫耳朵、平遥牛肉、莜面窝窝、闻喜煮饼、红肠、干肠与松仁小肚、大列巴和沙一克、白肉血肠、咸鱼饼、海城馅饼、大连虾酱、熏肉大饼、海鲜焖子、重庆火锅、泉水鸡、乌江鱼、麻辣牛肉片、合川桃片、永川香肠

图1.3-1

一般说来，大家会更喜欢左边的这张艳丽、突出、有序的图，也就是思维导图所强调色彩、主题图、关键词、逻辑、图像这些要素，相对而言，大脑就讨厌右图这种单调、繁杂、混乱的字。

然后进行总结启发：如果我们按照大脑喜欢的方式去学习，去理解消化和应用知识，我们的学习就会更主动，效果当然也就会更好。

二、HOW：解码思维导图

这个时候，学生们心里已经迫不及待想知道思维导图是什么了，到底怎么绘制了。

我就会提问："那同学知不知道思维导图是什么呢？一幅思维导图是如何绘制完成的呢？"我们一起来拆解"思""维""导""图"。需要同学们拿出准备好的纸和笔，跟着老师的示范同步完成自己的第一幅思维导图，而且画完后大家自己还可以对思维导图给出自己的定义。

图1.3-2

第一步：画中心图。比如我们现在要解码"思维导图"这个主题，根据我对这个主题的理解，我需要先想象这个主题在大脑里浮现出什么图像，越有趣越好。我想象出的像是一个插上电的灯泡，大脑开始启动，于是我就绘制出相应的主题图，同步示范如图1.3-2所示。

第二步：把"思维导图"四个字作为一级分支进行解码。需要提醒同学们按照国际惯例的读图和作图顺序，从一点钟方向顺时针方向做出分支，同步示范如图1.3–3所示。

图1.3–3

第三步：接下来逐步发散对每个字的理解，可以是图，也可以是词语，写出来，做出第二级分支。

这个过程中教师可以先写下自己想到的一两个词，再激起学生的补充热情，让学生说出他们对每个字的理解，他们会发现其他同学说出的有些词是他想到的，有些是他没有想到的。比如“思”，我想到的就有思维、思考、心理。同学们你们想到什么呢？给出一分钟左右的时间，让同学们自己同步在纸上写上自己对这个词的发散，同步示范如图1.3–4所示。

图1.3-4

第四步：大脑更爱图，对重点内容加上图标，尤其是一级分支。比如，我对“思维导图”的“思”加上图像，同步示范如图1.3-5所示。

图1.3-5

这个时候，学生们都已经同步完成自己的第一幅思维导图了，是时候快速回顾整个绘制过程，进行步骤总结。可以让学生先讲解绘制一幅思维导图需要哪些基本步骤，教师然后用一张“思维导图绘制四部曲”进行总结，如图1.3-6所示。

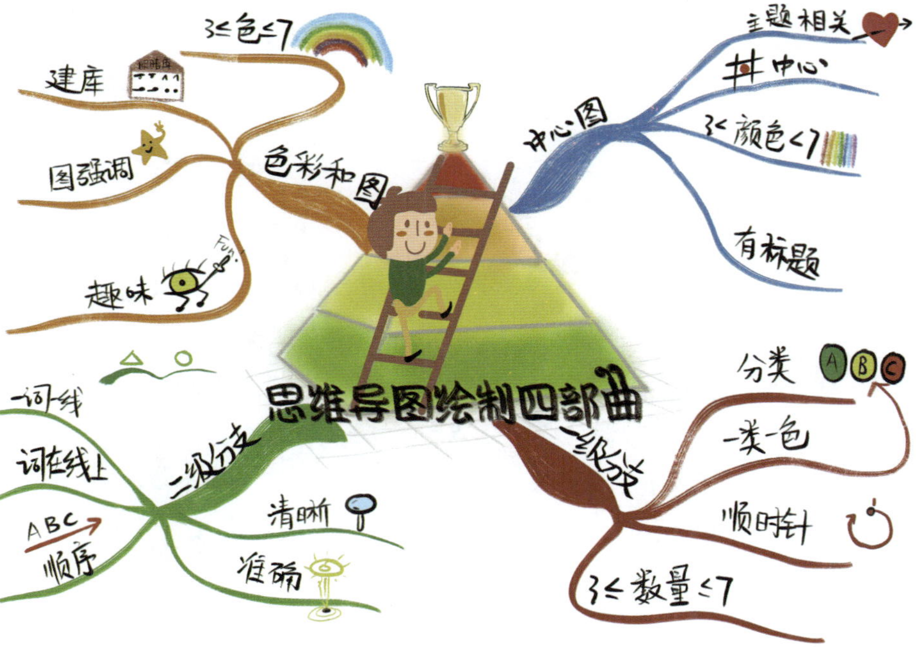

图1.3-6

三、WHAT：自定义思维导图

个人认为，教师并不需要告诉学生思维导图的标准定义，在这个过程中体验到的足以让他们自己生成自定义“思维导图”的能力，因为在刚才HOW的环节，他们已经在解码“思维导图”了，我们这个环节，只需要把他们自己的图引导他们自己进行输出，让刚才思维导图解码进行思维发散的过程产生思维收敛的效果。

所以，我会先示范我自己给思维导图下的定义，然后给出3分钟时间引导学生用一句话对自己的这张“思维导图”进行总结，选择图中自己认为核心的关键词，组成一个句话，写在最下方，然后分享给自己左右两边的同学，看看其他同学是否认同，最后再让同学上台展示，如图1.3–7所示。

图1.3–7

思维工具箱

1. 第一个环节讲WHY，可以分享现在国内外很多的应用场景或者案例，可以让学生自己说，或者讨论。

在线下课程，为了更直观，我常常会用博赞先生被采访的视频，里面博赞先生也用自己的方式讲了思维导图的起源。

我的选修课，甚至会设计记忆力PK赛，让学生自己记忆一段关于思维导图的文字信息，让学生来挑战复述，然后再来记忆一张根据刚才那段文字做出的思维导图，再来挑战复述，学生们兴致非常高，然后再引出思维导图的作用。

2. 在第二个环节讲HOW的时候，也可直接拆思维导图的绘制四部曲这张图，然后就直接可以进行总结了。

如图1.3–8、图1.3–9、图1.3–10、图1.3–11、图1.3–12、图1.3–13所示。

图1.3–8

图1.3-9

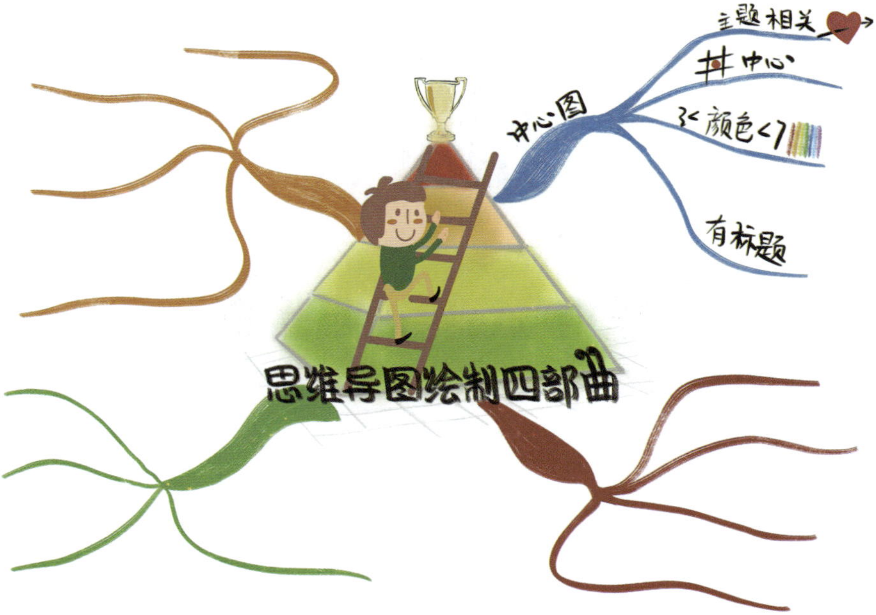

图1.3-10

思维导图绘制四部曲
中心图
主题相关
中心
3<颜色<7
有标题
一级分支
分类
A
B
C
一类一色
顺时针
3≤数量≤7

图1.3-11

思维导图绘制四部曲
中心图
主题相关
中心
3<颜色<7
有标题
一级分支
分类
A
B
C
一类一色
顺时针
3≤数量≤7
二级分支
一词一线
词在线上
ABC
顺序
清晰
准确

图1.3-12

图1.3-13

3. 除了用黄金思维圈“WHY—HOW—WHAT”来构建这堂40分钟的课，也可以用“是什么—为什么—怎么做”来组织，还可以用“道—法—术”来进行讲解。

第2章

管理能力课

LESSON OF MANAGEMENT ABILITY

2.1 开学第一课

在开学第一周里，最重要的事，就是确立一学年教学的一致性和连贯性规划，首先就需要通过开学第一课来展开自己的规划。而上好开学第一课，是顺利进行思维导图系统化教学的关键。

在这一堂课里，教师需要让学生了解自己所学这门学科的不同的教学管理要求，使学生明白自己该做什么，怎样才能取得成果。

准备材料

幻灯片，“开学第一课”的思维导图，彩笔，马克笔本，脑力值。

操作说明

1. 教师首先需要用思维导图梳理自己在开学第一课给学生提示的重要信息，用软件或者手绘来完成这张思维导图。

2. 把这张思维导图加入自己的课件里。

3. 在上课时，可以先让学生了解课程的几个大方向或思维导图的主分支，然后在不同的环节阐释和示范时对应展示每个主分支的细节。

实操参考

在课前，我会分为以下几部分思考：

1. 如何有趣地介绍自己？

2. 通过这门学科学生可以收获什么？我还希望学生收获什么特别的？

3. 这门学科集体上课，自习课学生需要做什么？

4. 学好这门课需要学生准备什么学习工具（思维导图的工具）？

梳理：

根据时间，分析每个部分的重要内容，选出适合在开学第一课讲的。

画思维导图：

1. 画出一张开学第一课的思维导图，上课备用；

2. 根据不同部分的主题，加入课件。

我的导图示例见图2.1–1。

操作示例：

我会用PPT设计情景，把开学第一课设计成一次思维之旅。

第一站：特邀嘉宾——奥巴马先生

我上的“开学第一课”，课程是中学政治，课本是部编版《道德与法治》。当我了解到学生已经看过央视的“开学第一课”时，我就在思考：“如何上好自己的开学第一课，让学生眼前一亮？”我选择了播放奥巴马

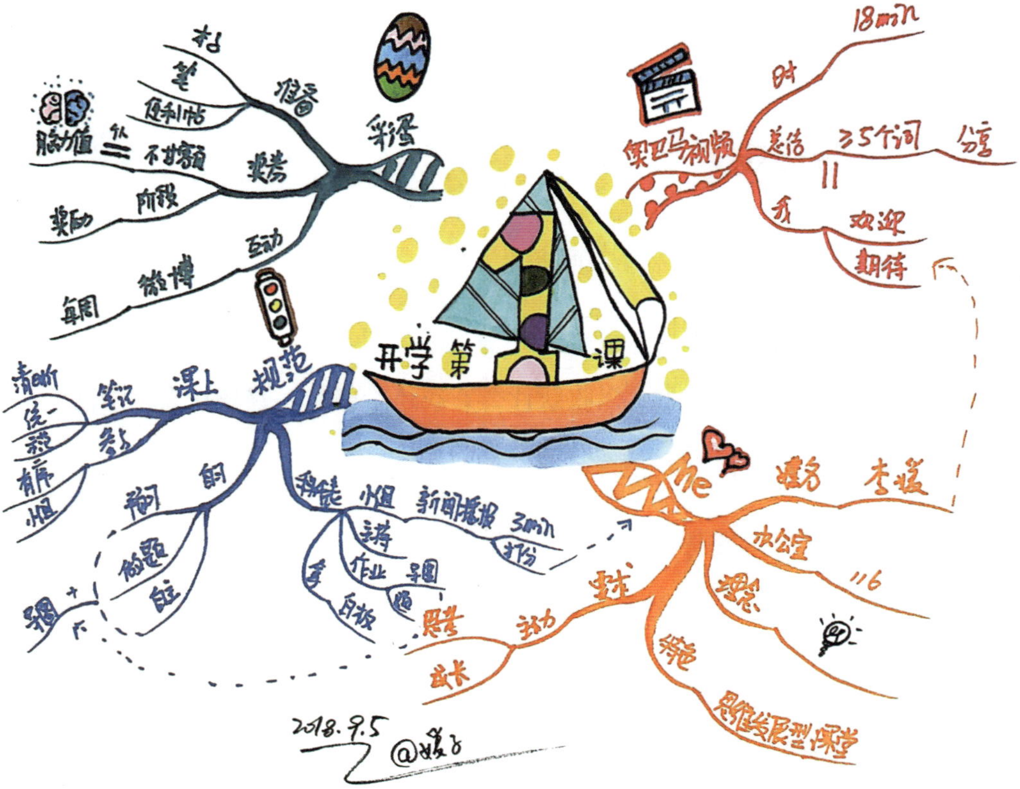

图2.1-1

给美国学生上的开学第一课的视频，然后，我让学生总结自己看完视频后收获的几个词。

第二站：引路人——李老师

在上一站的基础上，孩子们会好奇这门学科的引路者会是谁。这个时候，我就开始进行自我介绍，介绍我是如何找到了我的理念。最后，我会把这部分的分支思维导图的截图放在PPT上，作为总结，以加深孩子们的印象，如图2.1-2所示。

图2.1-2

第三站：旅行攻略——规范

在上一站的基础上，我会继续让孩子们想，未来我们的课堂会有什么特别要求？先让孩子们自己谈谈。然后我在PPT上把这部分的分支思维导图截图打出来，边讲具体部分的要求边给出图片示例。比如笔记的示例，我会展示往届学生的图片实例，让孩子们快速明白其具体的效果，如图2.1–3所示。

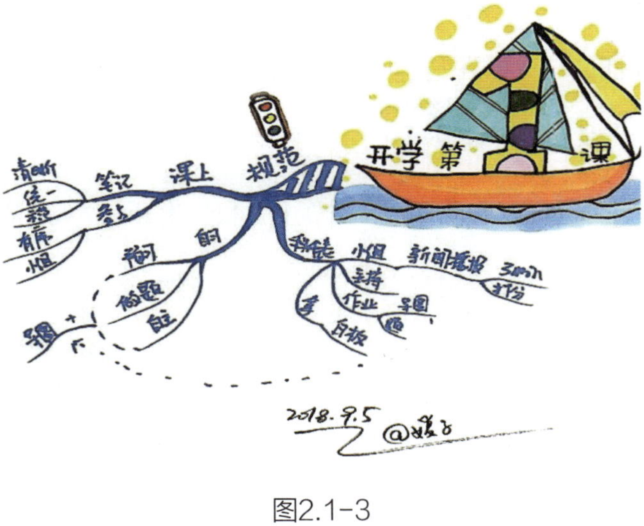

图2.1–3

第四站：终点彩蛋——管理

在上一站的基础上，接下来我会给出孩子们学好课程需要准备的学习用具、脑力值（现金券）、每阶段的神秘奖品等，给出图片示例激发学生兴趣，如图2.1–4所示。

图2.1–4

思维工具箱

1. 你还可以用思维导图软件，列出开学第一课的思维导图大纲。在第二个问题“学生可以收获什么”上，让学生谈期待，梳理总结出来。也可以在第三个问题“学生需要做什么”上，和学生互动，与学生达成共识。最后，再把分支图组成的完整大图展示在大屏幕上。

2. 也可以同上操作，但不用软件同步，而是板书同步。课堂规则环节，可以让学生在小组讨论后，把自己组的意见写出来，使用便利贴，把想法贴在板书的思维导图上，投票选择最佳的执行方案。

2.2 “脑力值”管理系统

教学实现量化管理的工具，我们通常使用的无非是个人加分、小组加分，但最大的问题在于，如何把这个加分实现系统化，为学生系统地量化自己的成长，为学习赋能，激励学生主动积极学习，乐于分享，更好地参与到小组的交流碰撞中，实现长线的可视化的成长。

“课堂的首要问题不是维持纪律，而是缺乏程序和常规”。我们每一位教师，都需要有系统化管理的思维，因为我们不仅仅是陪伴学生一年、两年，往往是一届（3年或6年），为了让管理更有效、更易执行、更有意义，我会坚持一种适合自己课堂风格的系统的、量化的管理模式——脑力值系统。

我发现学生们总是更愿意接受一套统一的课堂管理方案，因为这会简化他们在学校的任务，而且他们很清楚知道他们需要做什么，后果是什么，怎么衡量，这也是他们在你的课堂中的一种安全感，就像知道游戏规则一样，会更容易在你的带领下一起“打怪”。

在开学第一课，我已经提到了“脑力值”这个神奇的量化指标。

脑力值代表着什么呢？

通常，我都会给学生解释——你的大脑在有效思考，并把它有效分享出来，就会得到相应的脑力值。

在脑力值管理系统里，会有加减脑力值的情况。我会给出具体的标准，同时，为了刺激同学们对这个系统的认同感，我会准备专门的“脑力值”，当场发给学生，强化执行意愿，让学生有可视化的学习奖励，强化行为，营造充满乐趣的课堂氛围。

在开学第一课后，“脑力值”就开始系统执行，课代表进行辅助记录。在日常教学中，我往往会提前限制一个脑力值警戒线，比如-150，如果有同学到了-150脑力值，就需要课代表在日常记录时通知同学需要来办公室“喝茶”，我会提前进行沟通。这个时候，我就会借助课代表的“脑力值”系统，让学生说明具体情况，并让学生开始执行反思。

准备材料

1. 根据自己需要设计的脑力值版本，如图2.2-1所示。

2. 思维导图版的脑力值管理系统。如图2.2-2所示。

图2.2-1

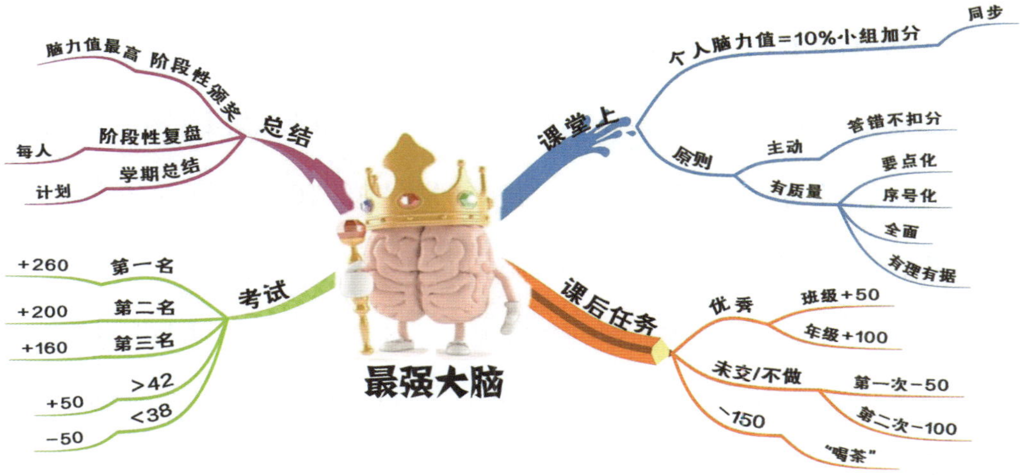

图2.2-2

操作说明

用一张思维导图，介绍脑力值管理系统，把脑力值管理系统与班级的小组活动结合，进行同步操作。介绍不同脑力值币值的发放和扣除要求，每一个阶段考核后，请课代表公布全班最高脑力值获得者，老师进行表彰和奖励。

实操参考

课堂上下，所有环节都通过脑力值进行系统管理。在课堂上，我会借用脑力值的理念，激励学生不断地主动思考和观察自己的成长。

鉴于我们学校每个班都实行小组加分，每个同学的个人脑力值还会同步10%加到小组分上，比如课堂上1组的王同学得到了我发的10脑力值，就可以课后给自己小组加1分；作业考评，班级优秀作品加50脑力值，如果是年级优秀作品，加100脑力值，不交作业的，第一次扣50个脑力值，第二次扣100脑力值，-150脑力值的同学，需要到老师办公室“喝茶”；考试最高的三个分数，分别加260脑力值、200脑力值、160脑力值。40分以上的都加50脑力值，38分以下的都扣50脑力值。

在第一个阶段后，鉴于学生已经体验到真实的“脑力值”币值的魅力，也熟悉这个脑力值系统了，为了更好操作，我当场及时发“脑力值”激励，结合国外的“One Clap”的操作模式。学生发言后，全班同学都会一起拍一下手，鼓励更多的发言。得到“One Clap”的同学将会获得20脑力值和小组同步加分2分，同学们自己在课代表处查看表格统计。

课堂上：

在课堂上，在学生回答问题、小组反馈或者我点评之后，会及时把不同币值的脑力值发给学生。

比如在学习《学习伴成长》时，我就请学生思考：“同学们认为我们今天谈的学习包括哪些呢，能举例说明吗？”

学生A举手说：“在教室里学习，比如现在。”

“是的，加10脑力值，但是我们的学习仅仅局限于课堂吗？”

学生B举手说：“还包括旅行，国庆节我们就要去西安游玩了，这就是读万卷书，行万里路。”

“非常好，那你能谈谈你为什么认为这次去西安游玩就是学习呢？能给大家分享一下这次游玩你学习到了什么吗？”

学生B补充："我看了秦始皇兵马俑，参观了博物馆，觉得中国的文化真是博大精深啊，我准备回来好好学习历史，还有语文，去看更多关于那个时代的书籍。"

"哇，看来同学们真的收获很多，还反思了现在可以怎么学习，大家觉得他可以加多少脑力值啊？"

"20、30……"

"我们给他加30脑力值，他既谈了自己的收获，也谈了自己现在如何学习。接下来，同学们再回答时，也要记得举例说明哦。"

作业检查：

我教的每个班，课代表都会参照之前制定的学习纪律，在自己班上的花名册（有学生姓名的表单）中记录不交作业的、交了但没有做作业的等各种情况，并对应扣一定的脑力值。同时，对被挑选出来的优秀作业、优秀作品等，对应加一定的脑力值。如果班级里的优秀作品被评为年级优秀作品后，还可以额外再加对应的脑力值。

考试激励：

每一次考试，我们都会提前告知，班级前三名同学分别会加的固定脑力值，以及某个分值以上的同学会加的脑力值，还有达不到多少分的同学会被扣的脑力值。

每一个阶段考试结束后，我会安排课代表宣布"最强大脑"前三名，并给脑力值最高的"最强大脑"颁奖。

思维工具箱

1. 除了脑力值这个说法，你也可以自己设计对自己学科有意义的其他可视觉化、可量化的管理系统的新概念，鼓励学生进行有意识的观察和提升自己。

2. 可以借用思维导图构建和呈现出适合自己的管理体系，贴到教室里，或者让课代表保存，以便执行时清晰可查。

3. 管理系统需要定期根据课程和学生的需要进行修改和完善，使它们成为有效教学的模板。所有管理系统还可以在班会或者一学年时，让学生参与进来，和学生一起去修改和增加一些更有效、有趣的管理方式，然后把新的思维导图打印出来贴在教室。

2.3 课程指南

用思维导图来进行教学，首先需要转变教学就是在“覆盖”教材的误解，因为教材不是课程。思维导图作为教学支持的工具，所有的实操方案都必须来源于自己学科的课程标准。在《如何成为高效能教师》一书里，明确指出一个学区的课程指南应该：

1. 说明课程内容（包括事实、概念、话题、主题、技巧等）。

2. 推荐可用的教学方法（讨论、案例分析、角色模仿）。

3. 推荐与教学内容有关的课堂活动，或用图示说明选用的教学方法。

国内外都要求教师上课必须要有课程指南，就像旅行必须要有地图一样。根据上面提到的课程指南等要求，我们国内每个学科都有对应的课程标准。课程标准里的内容也完全覆盖了上述要求，鉴于课程标准构成了学生课程的核心和主要内容，在把握课程标准的基础上，教师可以通过灵活使用教材，让我们的课程不是“教教材”，而是更多地思考“教学生”。

我们无论是教学还是考试，都要依据学科的课程标准，教师可以把课程标准作为自己课程指南的蓝本，明确自己不同阶段需要培养的核心素养，即知识、能力、品质等。同时，根据自己学校的具体情况，制订出合理的课程安排和计划，争取以最有效的方式传授给学生，然后把这些做成课程指南，指导自己做好教学工作，从而更好地让学生全面发展。

学校里教学团队一起做课程指南，这样会更有效、更有普适性。如果你有自己独特的教学模式，也可以单独做一个针对自己教学使用的课程指南。甚至，课程指南不仅仅局限于一学期或一学年，还可以涵盖学生的整个学段。课程指南是个非常系统的工作，做自己的课程指南的时候，可以借助思维导图这个工具，系统地把握好教学的内容和方式。

准备材料

学科的课程标准，校历（学校的学期日程）。

操作说明

1. 研究课程标准，用思维导图进行梳理。

2. 根据自己的需要标注上时间、进度条、教学活动等。

3. 打印出来，根据需要贴在教材或者办公区。

实操参考

先阅读教材目录，比如通过阅读目录和教材，提取出第一单元的主题词是中学、梦想、学习、自我，第二单元的主题词是友谊、朋友，第三单元的主题词是师生、父母、孝，第四单元的主题词是生命、人生价值。然后，参考中华人民共和国教育部制定的2011年版义务教育《思想品德课程标准》，把本学期教材每单元的主题词对应第二部分课程目标的情感、态度、价值观、能力、知识找出对应的要求。知识这部分，需要从第三部分课程内容去对应找到更详细的要求，然后用思维导图进行解构和梳理，这将是整个一学期需要打造出来的课程指南的三维目标版本，如图2.3-1所示。

图2.3-1

课程目标明确指出：教学是落实本标准、达成思想品德课程目标的主要途径和基本环节，所以，在这个版本制定结束之后，还需要参考课程目标第四部分的“实施建议”进行教学方法的选择和落实。这些教学建议，也从一定程度上为用思维导图进行教学和开展PBL项目化教学（本书第六章）提供了理论支持，如图2.3-2所示。

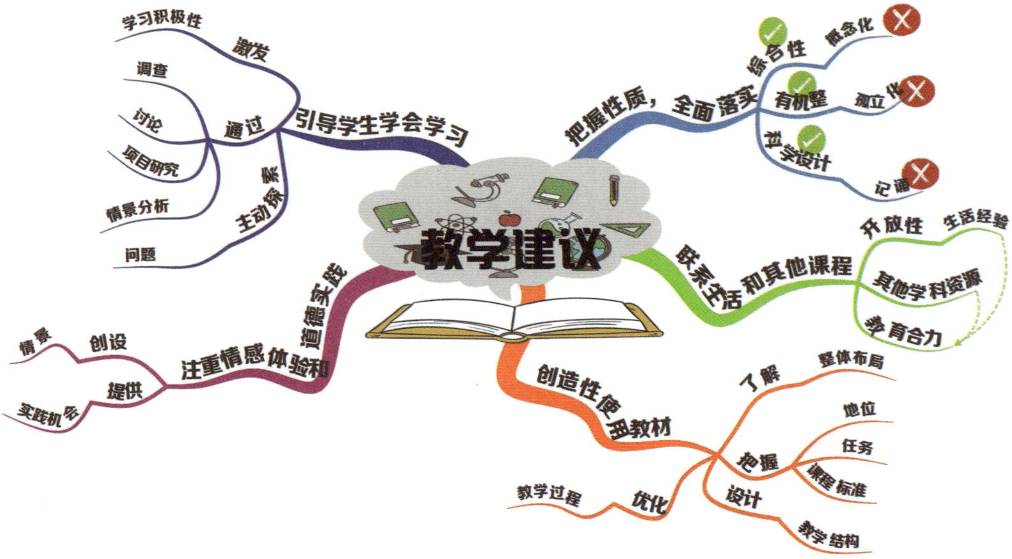

图2.3-2

思维工具箱

1. 课程指南很有必要把自己学科整个课程标准的“课程内容”部分，也就是整个学段的目标梳理出来，这对后面的系统复习非常有帮助，不仅教师可以用，学生也可以用。

2. 课程指南还可以派生出“学习指南”等系列操作方式，可以把学科的方法等建议系统地梳理上去，为学生学习提供方法支持。

3. 如果是针对一本教材的课程指南，除了课程标准，还可以参考当年学科的教师用书，甚至还可以出更详细的系统针对单元或主题的“课程指南集”。

4. 用思维导图做课程指南，可以在学校教学团队的通用课程指南中，加上自己的独特教学实操，也可以根据学期的安排进行，从而更具有针对性。

2.4 违规问题

在一线教学中，我们常常会见到的情形是学生违规了，教师得费很多心思，苦口婆心讲很多道理。情况好，学生会“主动道歉”“请求原谅”；情况不好，学生迫于压力，最后极不情愿地写“检讨”，“面壁思过”“请家长”。如果是几个学生的集体行为，违纪了，更是A同学自说A情况，B同学自说B情况，C同学自说C情况，甚至还有各种情绪影响学生的表达，以及师生的沟通方式，会给处理问题增加难度，不容易真正地处理好每个学生的违纪问题，更不可能做到帮助学生冷静地思考问题，找到问题的解决方案，增强反思能力，帮助学生成长。

那么，在开学第一课和已经建立了课堂规则和课堂量化管理系统的基础上，教师虽然已经做到了“先说断，后不乱”，但有没有针对不同问题，避免师生正面冲突，一方面帮助教师了解学生发生问题的背后原因和真实情况，另一方面帮助学生客观反思问题，主动找到自己成长解决方案的个性化管理方法呢？

有的，思维导图加上核心思维工具，可以解决这个难题。思维导图可以将学生的隐性思维显性化，无序思维有序化，可以成为问题沟通和解决工具。用思维导图来搭建学生重新认识问题的桥梁，一方面借助思维导图让学生把自己不愿意说出的想法可视化，去规避正面解决问题可能产生的冲突、言不达意甚至抗拒表达等情况；另一方面，可以把问题的思考能力、解决权交还给学生，教师只提供思维工具和思考方向，让思维导图成为沟通的桥梁，引导和帮助学生学会面对学习和成长的问题，厘清问题或矛盾，主动成长。

这样，让违规变成成长的契机。用正面管教的理念，以思维导图作为思维工具，结合核心思维工具的综合应用，帮助简化管理的难度，教师就有一套思维工具，把解决问题的时间花在处理问题的“刀刃上”，让学生跨越问题，实现成长。

准备材料

脑力值管理系统，纸，彩笔。

操作说明

1. 约定“暗号”，如“请下课来喝茶”，违规行为发生时及时制止违规行为。

2. 跟学生沟通，限制反思时间。

3. 尽量给学生反思思路以便参考。

实操参考

情景一：集体问题

上课预备铃响起，发现某班的学生竟然还有约10人没有到教室，班长和课代表反馈说那些同学们去领校服了。本想着先上着课，但由于要上新课，每一节新课前，有课代表每个小组轮流展示的课前三分钟“新闻播放”环节。课代表就反馈说，这个组的小组代表也去领衣服没回来，看来“新闻播报”无法开展了。课堂开始有点其他声音了，学生们都等着我发火了。

我稳定情绪，我先请班长记录下迟到同学的名单，请课代表按照规定通报了对应小组和同学扣脑力值并在班级花名册上做好备注。

发生这种临时情况，我就临时改变教学策略，先让其他同学借助自探究问题自主探究。5–10分钟，迟到的同学才陆陆续续进课堂。

当这些学生到齐后，我停了下来，请其中一位同学谈了谈为什么迟到。回答很简单：我去领校服了，我下次不这样了。

我观察这些同学其实并没有真正认识问题，于是我提醒，领校服本身没有问题，但是：谁来解释一下上课前20分钟课间你们都在干什么？为什么上课了才去？校服是必须这个时间去领吗？

同学们发现认真思考这个事情时，不仅仅是违纪这么单一的思考方式。

我又问：咱们这么多同学都去领，难道咱们班同学都是自己领，没有组织吗？可不可以安排几个同学去专门领？

同学们才发现这个事情发生还与班级管理有关系。

班长举手说："以前都是班主任安排同学去领，这次那边老师一通知我们，大家都自行去领了，这次过后我会组织开班委会安排固定同学去领。"

我继续引导同学们思考：但我们选择这么做了，有同学思考过后果吗？

A同学举手说："影响老师上课。"

B同学也举手说："引发不好的风气。"

C同学指出："我们这节课没有新闻播报。"

D同学补充："严重影响我们班级形象。"

最后我总结，所以我们做事情要学会提前考虑做事情的后果，选择正确的方式做事情，并让这些同学包括负责的班长和课代表对这个事情综合结果分析法进行反思，用思维导图进行梳理。我同时也板书给出思维导图版的反思的提纲，并提醒同学们及时反思，并限定时间交上来，如图2.4-1所示。

图2.4-1

我发现学生用这种方式交图时很积极，也很主动。虽然不太符合正统思维导图的标准，但还是发现学生开始用心反思了，之后这个班再也没有发生同类情况，课代表的管理也都非常认真负责了。

用思维导图引导同学们反思问题，你会发现可以避免学生敷衍完成，还可以避免抄袭，因为不可能每个的分支内容都一模一样，如果遇到分支内容一样，甚至连顺序都相同，可能就需要单独和学生认真沟通了。

情景二：个人问题

教师最头疼的是会发现有些同学不知是什么原因导致上课走神、打瞌睡、作业不完成等，但教师主动询问学生很多时候也不太愿意给出真实原因。可能有时候他们的违纪行为甚至可能只是一个表象，内在的原因，比如源于家庭，源于成长中的烦恼等需要我们借助“图”来进行深入沟通，帮助学生实现自我成长。

有段时间，我发现我的某个班的课代表，成绩一直下滑，上课走神，但是问他都不愿意说，在第二学期开始，我就找到他，告诉他现在的数据很不理想，希望他画一张思维导图跟老师沟通，是不是学习上或者生活中遇到什么问题，我可以帮助他，同时提示他可以用“是什么——为什么——怎么办”的逻辑进行梳理。

这个同学第一张思维导图交上来，我一看就是非常敷衍，我就指着图上的“为什么”这个分支上写的“不认真复习”，告诉他说：“老师想知道这个背后的原因，也想帮你找出更好的改变方案，你再认真思考，重新画一张思维导图交给我吧。”不久又交上来一张思维导图，我发现图上的“为什么”这个分支上写了很多原因，比如“态度不端正”等，我告诉他：“因为你的执行方案有希望自己态度变得更认真，老师希望你思考一下，是什么原因导致你态度不端正，比如是不重视学科？自己的要求太低？还是现在的注意力不在学习上？”同样也让他回去再重新梳理画了一张思维导图。不久后他又交给我思维导图，发现几个分支能一一印证地联系起来、影射出来一些他内心真正的想法，他执行方案里逻辑清晰、态度认真，就让他踏实去操作自己的方案。这个事情后，这个同学作为课代表，对班级管理更用心，也慢慢改变了“滑头”的风格，稳重起来。

情景三：多人问题

多人问题其实特别考验教师的辨别力，因为其中每个同学说话或影响他人时，一旦老师追究往往都会出现推卸责任、含糊其辞、互相隐瞒等情况。如果处理不好，下一次这几个同学的情况可能还会变本加厉。

我上有一个班的课是在他们体育课后，有几次常常遇到有几个同学晚一点才回来，由于我们课前有“新闻播报”环节，他们一回来看到是同学在讲台进行“新闻播报”，就在座位上与周围同学说话，喝水。我在后面录制“新闻播报”，发现甚至都有影响到做“新闻播报”的同学和整个班的纪律，有些同学都在给我使眼色。等“新闻播报”结束，我请这几个同学分享刚才在说什么，他们各有其词。为了处理问题同时保证上课进度，我就在黑板上简单画了一张思维导图框架，提醒他们无论是来源于自己什么原因，都需要考虑上课时间里这样做的影响，比如他们这样做对自己的影响，会不会影响上课的状态，学习的质量；对同学的影响，比如对正在进行“新闻播报”的同学的影响、对正在听“新闻播报”的影响；对老师的影响，比如对李老师课堂的影响，对班主任老师的影响；以及对家长的影响……提醒他们去学会换位分析，用思维导图梳理自己刚才说话带来的不良影响，如图2.4–2所示。

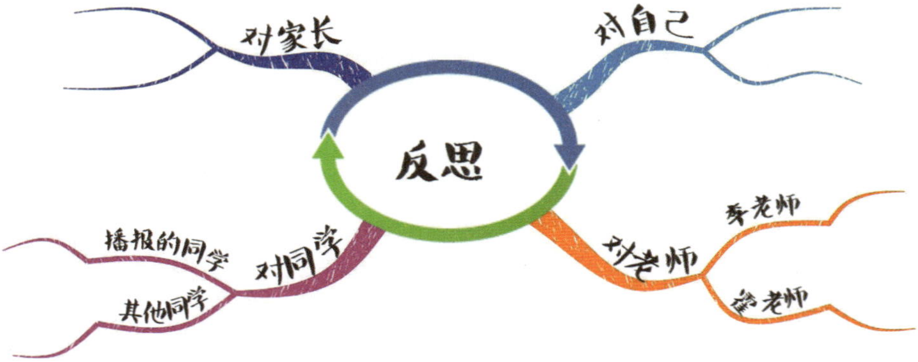

图2.4–2

思维工具箱

1. 借助思维导图引导对违规问题分析时，对图的要求不高，主要是避免空洞说教，同时给学生交流认识和分析事情的思路，不是出于惩罚目的，所以教师应根据具体情况灵活把握。

2. 不同的情况，需要教师用思维导图综合应用核心思维工具，比如换位分析、后果分析、利弊分析、多维分析等，教师需要有针对性地给出思维工具。

3. 借助思维导图引导对违规问题分析时，建议最后一个分支或者单独几句话让学生写出“怎么做”，而不仅仅是就问题分析而分析，更应该落实到行动，思维导图应该成为行动指南，而不应该成为噱头或者惩罚工具。

2.5 布置作业

学习应该是帮助学生的收获过程。先看“学习”这两个字，如果学生仅仅是“学”而无“习”，整个学习过程是不完整的，没有实现内化的。再请看“作业”这个词，它的意思是给某人分配一项任务，在任务结束时，完成的结果或成效是可见的。[①]虽然教师布置作业是期待所有学生都能完成，但通常，教师都预期到并不是所有学生都能100%完成作业，教师应该思考通常原因或是因为不会做作业，或者是不理解做作业的理由，也有可能是因为作业本身设计得就很差。[②]

上面提到“任务结束时，完成的结果或成效是可见的”，“可见的”到底是对于学生“可见”还是对于教师“可见”？“可见的”到底是仅仅是做完了，做对了还是什么呢？学生完成任务后得到的具体结果就是学生实现学习目标的证明，还是回归到“学习目标”这个问题。如果我们带着目标去布置作业，给学生布置的作业能让学生明白他们的学习目标是什么，

① [美]黄绍裘、黄露丝玛丽《如何成为高效能教师》。
② 同注①。

那么不仅可以培养学生的责任感，也让他们“可见”自己的学习收获。

那这些与用思维导图布置作业有什么关系呢？教师一方面可以甄选重要的核心的学习目标，让作业更具针对性；另一方面可以清晰直观地引领思路，发挥学生的主动性。你会发现学生逐渐不会为做作业而做作业，主动性增强；此外，基本上没有抄袭的可能，主动思考者和被动思考者一目了然；同时，作业更有创造性，这样的作业极具分享价值，因为作业已经成了作品。一段时间下来，学生得到的不再是一堆题、一本作业本，而是一本“可见的”“独一无二”的“作品集”！

具体而言，用思维导图布置作业会根据课堂时间先后分为课前作业、课中作业、课后作业。课前作业主要是预习或者分享准备，课中作业主要是练习或者分享，课后作业主要是巩固或者延伸练习。学生的学情不同，对思维导图的熟练度不同，布置作业时教师的操作也会有所不同，但用思维导图布置作业，教师需要尽量照顾不同层次的学生，尽量做前期示范或者后期总结点评。

在开启了思维教学一体化教学往往一个月不到，我的学生们都知道基本的作业常规——什么时候做什么作业，如何做作业了。我的课堂里的作业基本都程序化、模式化了，我只需要根据不同的情况用不同的方式处理和“加料”。往往学生会特别好奇“加料”，不同阶段我的加料方式不同，有的时候是学生来讲，有的时候是为别的班的同学“找茬儿”，有的时候是互相点评，有的时候是课代表组织抽“拍砖卡”“拍马卡”进行“拍砖”“拍马”，有的时候是小组PK呈现……

准备材料

需要进行思维导图作业的具体目标，示范作品。

操作说明

1. 教师首先明确接下来要布置的思维导图作业的核心目标，以及作业完成后需要如何利用和反馈。

2. 在明确上面要求的基础上，根据学生的情况给出作业指导或者示范。

实操参考

场景一：单元作业

每单元的思维导图版的作业基本上是每个学科每个阶段的学生都可以去完成的。这样的作业，一步步引导学生主动构建知识，把知识系统化。

到现在，每一单元结束后我的每个学生都知道会有一个非常有仪式感的作业，那就是为这单元做一张思维导图。

好的开始等于成功的一半，对于刚刚开始执行思维导图单元复习作业，我会给学生们讲清楚这个作业的意义。我往往会说："我们这一单元学习了这么多知识，但它们是零散的，我们需要把它用我们的思维导图工具织成自己的知识网络。这个过程中，如果你发现自己不太确定知识有哪些，可以参考我们的学案‘知识梳理’部分，我们至少要把这些核心知识全部囊括，当然，更聪明的方法是把这单元书通看一遍后自己去进行分类梳理，你可以按问题梳理，也可以按每一框梳理，还可以按主题梳理。我先给大家示范我们以前学生完成这个作业一学期后的作品视频，期待同学们也能让你们的思维导图本变成你们独一无二的作品，每一次的优秀作品，每个班有5个名额，这些同学个人脑力值加50，小组会加2分，我还会在咱们7个班中选出最棒9张图贴上我们的脑图微博，如果你的作品被入选了还会额外再加50个脑力值哦，而且7个班的同学都可以看到你的作品。所以，一定要记住在你的思维导图作品右下方写上你们的姓名和班级。”

同时，我会把评分指南提前分享给学生，让他们知道，符合哪些标准可以成为优秀作品，如图2.5-1所示。

维度及分值	满分标准
形式（5分）	1. 中心主题使用图像，直观表达主题，位于合适位置。 2. 线条美观，由粗到细，平滑曲线，词在线上。 3. 色彩丰富，每个主分支一种颜色。 4. 关键词精准，高度概括，图文并茂。 5. 布局合理，逻辑清晰。
内容（5分）	1. 全面概括教材考点，无重点遗漏。 2. 无知识性错误。 3. 重点清晰准确。 4. 逻辑层次清晰无误。 5. 配图高度概括知识，有助记忆。

图2.5-1

然后把作业详细要求交给课代表，让同学们完成周末作业时可以更明确细节。

作业收上来后可能你还需要对学生的第一次思维导图作品做好心理准备，通常来说不是所有同学的作品都符合标准，这就需要我们对作业进行反馈，并把典型问题进行归类，这个环节处理好了，下次学生们就会像避开地雷一样学会避开这些问题了。

首先，你需要进行作业的记录。思维导图作业或者作品推荐使用全能扫描王软件，可以尽量保证对图的拍摄不失真，同时方便存档随时调用。

其次，你需要根据学生的水平，进行打等级，让同学们明确自己现在的水平和可以提升的点。打等级可以是A、B、C，分别代表优秀、好、不太好。

最后，把学生典型作品和暴露的问题进行梳理，上课时抽10分钟左右时间进行反馈。

第一次上课，反馈学生作品时，学生们已经拿到课代表发回的自己的思维导图本了，有些同学可能已经发现自己作品上的等级了，有些同学可能没有发现。

这个时候，我会打出几张同学们的作品图（把全能扫描王拍下的图，保存后加入PPT，后期很熟练之后，还可以用手机上的希沃授课助手现场选几个不同层次同学的图同频传上白板），首先提醒同学们，不能对作品的同学进行人身攻击，每个同学的作品都可以成为完美的作品，接下来我们要一起想想以后的作业如何才会变成完美的作品。

让学生先看几张图，让他们了解大家的大致水平，然后引导他们观察每一张图，用一个词说出自己的评价，同学们就会说他们认为的评价："优秀""一般""不好"。

接下来，我会给在PPT上呈现作业布置时提供的评分指南，给几分钟让学生借助评分指南小组讨论这几张图从哪些地方还可以做得更完美。这个过程当中，学生们通过讨论，往往就会明白，好的作品要更多地符合教师的评分指南，做作业需要借助评分标准和老师的作业要求才可以做到更好，任何作品也都是可以做得更完美的。

这样的作业反馈后，往往我会布置一个后续的作业，就是为自己的作业进行修改。问题多的用便利贴直接覆盖，甚至重新画一张，问题少的可以用修正带，或者统一颜色的笔比如红笔在图上直接修改。

当每单元的思维导图版的作业完成到一个学期结束，会有一次震撼的集中展示，我常常看到展示的学生们泛着感动的泪光听着、看着、鼓掌着。

场景二：课前分享

用思维导图布置新的任务作业时，可以用思维导图做示范。在2018—2019年元旦节的时候，我让同学们回去观看习总书记的2019年新年贺词。在引导同学们关注时政的基础上，我更希望同学们能将这个素材用到我们课前平时的新闻播报环节时，我就给出一张思维导图作业的模板，提醒同学们可以首先从中写下对自己触动最深的三个关键词，也就是在灯泡的分支上，然后，再回想与我们所学过的什么问题，以及问题的答案有关系，写出来，最后想想，这个新闻素材中自己所收获的，启发自己2019年有什么新观点和对应的具体的行动，我给出的作业示范如图2.5-2所示。

图2.5-2

同学们完成的作业如图2.5-3所示。

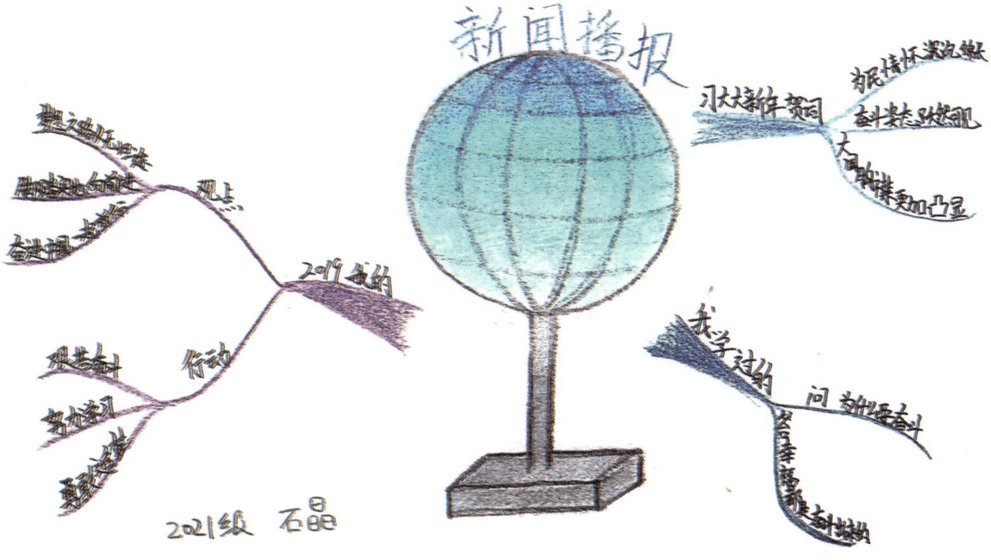

图2.5-3

在这样的作业基础上，学生们以后做新闻播放就可以根据自己的想法，用思维导图梳理出的想法，甚至越开放的主题，同学们的作品更具创造性和多元性，寒假作业同学们去搜集改革开放40周年成果和关注的相关时政，用思维导图完成的作业如图2.5-4、图2.5-5所示。

图2.5-4

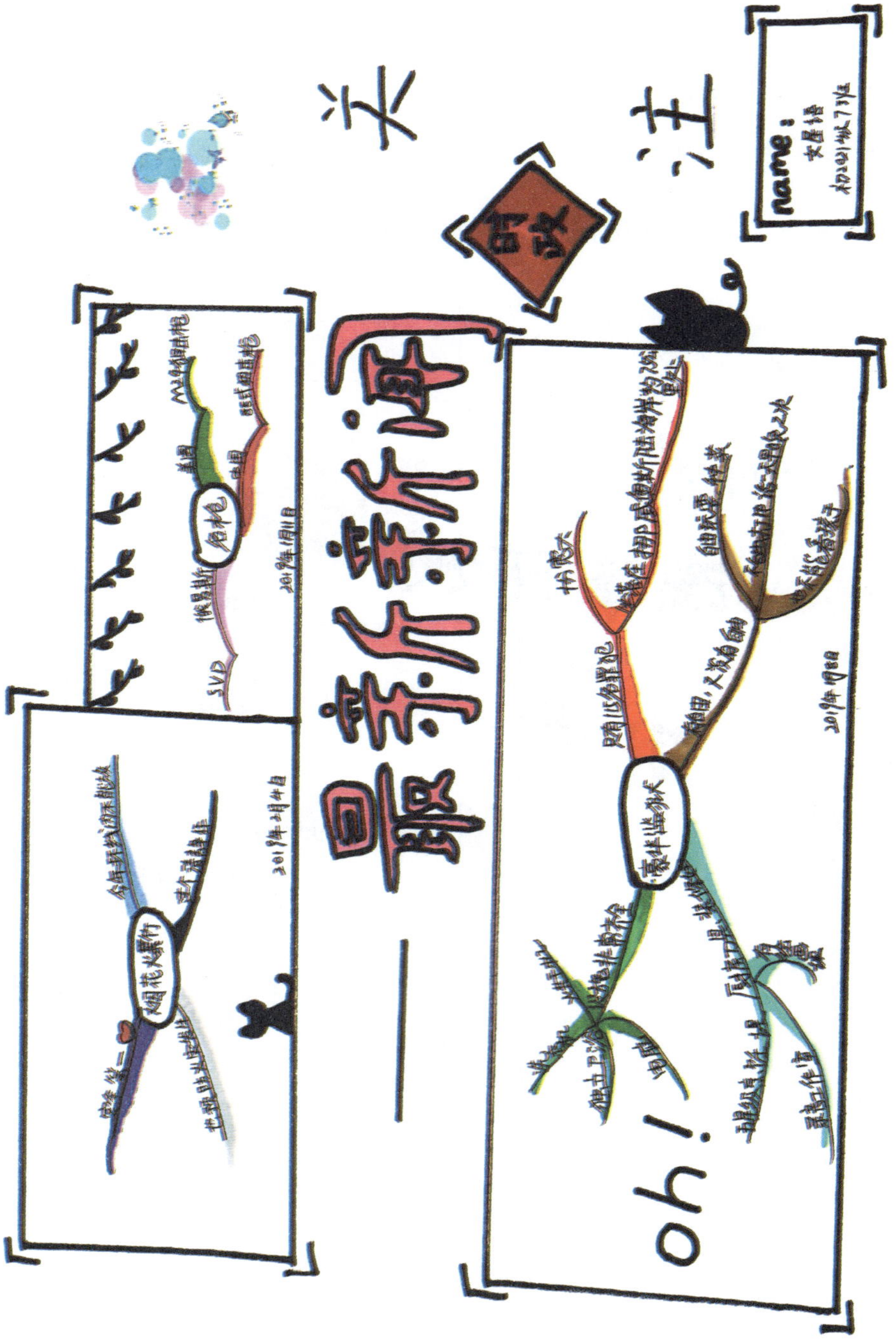

图2.5-5

这样用思维导图布置作业，不仅给学生提供了阅读新闻素材的一个思路方向，提高了阅读新闻素材的效率和质量，还可以有效辅助学生的课前展示，让对应小组的课前新闻播报思路清晰，逻辑结构直观，重点突出，有自己的独特个性，缓解学生课前新闻播报的压力，给学生更好地展示提供了思维支架，提高分享意愿和质量，其他同学也更容易参与互动和讨论，提高整个新闻播报环节的有效性。

思维工具箱

1. 有些特别难的主题或者单元，建议教师自己提前准备一份思维导图版的参考方案，给学生提供借鉴，这样，任何层次的学生都可以有自己的收获。

2. 如果学生思维导图掌握不够好，还可以借用思维导图建立起作业的常规示范，把通用的参考模式提供给学生，强化思维导图的基本技法，让学生更专注内容的完成。

也可以给出思维导图版本的标准版本，有些分支涉及重难点的先不写上内容，让学生来讨论完成，可以让课堂时间更为灵活。

3. 评分标准对于某些低龄段的学生不容易明确，可以将不同水平的思维导图作品贴到教室来示范，会更直观和有趣。

第 3 章

课堂能力课

LESSON OF CLASSROOM ABILITY

3.1 板书设计

不知道你是否发现，我们的课堂教学存在这些情况：

- 所有的教学内容都预先做成PPT，教师在课堂上充当放映员的角色，鼠标从头点到尾，整个教学过程没有任何板书，黑板成了摆设；
- 有些板书形式千篇一律，无论是阅读课、词句课还是复习课，板书所呈现的就是标题、单词和句型，既缺乏独立性，又无法显示知识间的内在联系，了无新意；
- 有的教师板书时，书写随意，马虎了事，黑板板面杂乱无章，毫无层次感和清晰感，更谈不上条理化和系统化，导致学生难以观察，影响了知识的传授，降低了教学效果。[①]

虽然教学中使用现代教学技术非常必要，但是，板书特有的功能却是多媒体大屏幕无法取代的。很多教师都发现，直接用多媒体教学，教学效果会降低。

这里面有一个重要原因，就是多媒体中呈现的重要内容讲完，就翻到

① 吉桂凤《思维导图与小学英语教学》。

下一个内容了，既不利学生构建起知识之间的联系，也不利知识的记忆和理解，更无法把课堂的生成及时加入到PPT里，产生共创。

利用好板书，就可以及时、有针对性地面对课堂，梳理知识逻辑，呈现学生的讨论，补充信息，展示学习成果等。

思维导图版的板书能满足上述要求，而且学生们的反馈是，思维导图的板书让他们觉得课堂变得更加有趣，更加包容，让他们觉得这个课堂是“他们的”，是“真实的”“看得见的”。

用思维导图进行板书设计，一方面，需要根据课型和教学内容的具体情况，紧扣教学目标，找准“板眼”，逻辑清晰，系统化知识，突出重难点；另一方面，需要考虑学情，注重生成，才能设计出具有针对性的，能理清教学脉络的，可以构建知识网络的，具有帮助学生发展思维能力的，加强学生记忆、分析、消化、巩固的，提高效率的、真正的思维导图版板书。

准备材料

磁性便携白板，白板笔（也可用教室黑板和粉笔）。

操作说明

1. 和学生在磁性白板上共同互动生成。

2. 过程中一定要引导学生思考和理解，不为记录而记录。

实操参考

在板书方面，我常用的是磁性便携白板，因为磁性便携白板不同于白板架笨重，它可以根据自己学校黑板的长宽进行定制，不用的时候可以卷起来。相比粉笔在黑板上画思维导图，一方面，磁性便携白板避免了粉尘的影响，比较健康环保；另一方面，白板上的思维导图板书由于它底色是白色，配上白板笔书写出来的思维导图板书，颜色鲜艳；白板笔书写板书时更轻松，每个班还可以重复交流使用。

每个班上课前，课代表会非常有仪式感地把磁性白版贴上黑板，下课后会卷好送到另一个班级课堂使用。同学们往往也会看到别的班同学的作品，上课前注意力就被吸引过来了。

上新课时，特别是在写板书时，我常会和学生一起锁定主题词，引导同学们思考核心主题词。

首先，让同学们想一想大脑里想起什么图像或者画面，激发学生们联系已有经验和情绪，让学生们启动思考，产生共鸣。

然后，我们课堂有常规环节，有自主学习环节，我会用PPT把自主学习中的重点问题呈现，学生记笔记和快速阅读教材。由于晚自习都有预习过，上课时，这个环节最多需要3分钟。在这个基础上，我引导学生思考并梳理出该框题的知识点、思路，让他们说出思路的关键词（对应的就是思维导图的板书一级分支），我同步到板书上。为了考查预习，我会趁机追问，每个思路下面同学们知道有几点内容，把分支画出来，空着（也就是思维导图的板书二级分支）。分支上的关键词根据课堂具体情况在讲授过程中再用不同的方式引导学生提取呈现，如图3.1–1所示。

图3.1–1

对于我们学科，对主题比较常用的分析和呈现思路以及考点常考逻辑是“是什么—为什么—怎么做”，我会在上课时就刻意训练学生这个思路逻辑来梳理教材。我会借助自主学习环节的问题，启发学生观察这个问题背后的逻辑，强化学生对这个逻辑的理解分析能力。比如，我在上《学习伴成长》时，这框题的自主学习问题包括：

1. 学习的内涵和形式有哪些？

2. 学习有什么意义？

3. 如何学会学习？

我在上课时，根据教材内容和课程指南，会借助课堂上的话题问学生：“大家认为学习是什么？大家想象一下平时最多的学习场景，并分享一下。”

学生1：“我认为学习就是看书、学知识，平时最多的就是在学校读书。”

很多同学都表示赞同。

我启发问道：“同学们认为学习与书有关，那老师画一本书作为主题图吧，可是这个书应该是打开着的，还是关着的，才是学习呢？”

“打开着！”

我会继续启发问道：“那今天我们这节课里谈到的学习就只是看书吗？”

学生2：“不，还有很多，我学钢琴也是学习！”

“他说得非常对，今天我还要打开更多学习的场景，认识到学习的内涵，学习的意义，解锁学习的秘密。”说完，我就播放PPT的自主学习问题，让学生做笔记和快速阅读，熟悉教材。

3分钟后，我启发学生：“我们解读一个主题，有一个常规逻辑，就是从‘是什么—为什么—怎么做’这三个角度去认识，大家看这三个问题，第一个问题“学习的内涵和形式有哪些”是对应什么角度呢？

学生思考后兴奋回答：“是‘是什么’角度。”

我顺势追问：“‘学习有什么意义’是什么角度呢？”

很多同学思考后，继续回答：“是‘为什么’角度！”

我继续追问：“那‘如何学会学习’呢？”

学生很容易就发现了，几乎齐声回答：“‘怎么做’角度！”

在这个过程中，我就实现了通过分析自主学习问题，引导并同步板书

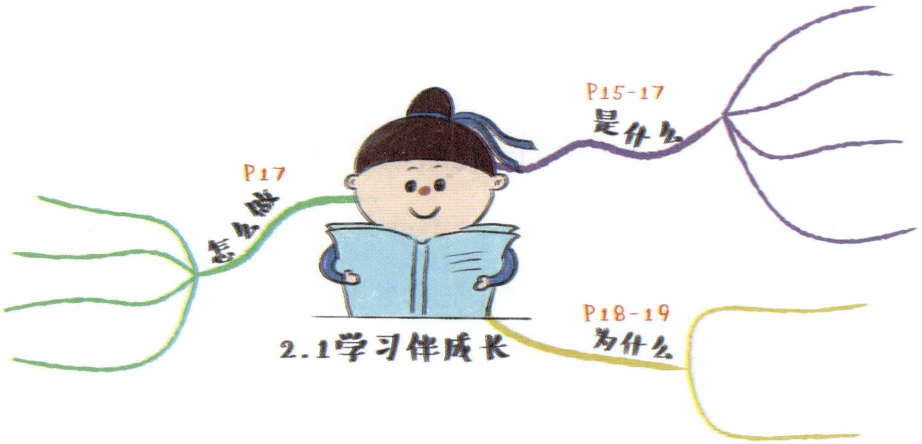

图3.1-2

然后，我根据这个三个问题的梳理，检查同学们的预习情况。

比如，我会问："'学习有什么意义'这个问题有几个要点？"

有2个，我就画2个二级分支，并在一级分支上提醒好页数，如图3.1-2中第二个"为什么"部分。

在上《少年有梦》这节课时，我还在已有基础上继续融入课堂环节的呈现。刚开始，我和学生一起感受"梦想"这个主题的温度，对我们每个人，梦想就像是太阳一样，有着无限的能量，于是，我们画了太阳这个主题图。在之后的环节里，通过各个环节讨论，同步了每个知识点的关键词，在课堂"写下我的梦想"这个环节，每个学生首先把自己的梦想写在了便利贴上。然后，学生们上台分享自己的梦想，把自己的梦想贴在思维导图板书中间的"太阳"里，让自己的梦想从今天开始起焕发光芒。最后，全班同学一起大声祝福上台的同学："你的梦想，一定会实现！”课堂的氛围开始高涨起来了，有的同学热泪盈眶，每个班都有笑着哭了或哭着笑了的同学。

接下来，我追问：“我们的梦想到底如何实现呢？”

我让学生们通过看视频《我的飞行员之梦》思考：梦想是如何实现的？总结出关键词。让学生分享自己的答案，有“坚持”“努力”“自信”“行动”“挫折”等。

我把他们所说的关键词写在了主题图中心外，也就是太阳的光芒处，然后在最后一个问题（也就是最后一个分支）中，一起去总结出教材的核心知识点。

通过标注符号，强调重难点，在这节课的难点“实现梦想的桥梁就是努力”这一支上，我标注了一个五角星符号提醒同学们注意，如图3.1–3所示。

图3.1–3

最后，课程快结束时，结合思维导图板书的知识，引导同学们进行简单的复习，强调重难点。通过课上的巩固，完成长时记忆中的一个结点，让这堂课达到事半功倍的效果。

由此可见，思维导图式板书是一种可视化教学的方式，通过颜色、图像、关键词、连接方式等刺激学生的视觉感官来加深记忆，顺应教学中思维的流动，自然获得一节课的知识动态全景图，不仅激发学生积极听课，还能让学生积极思考。

思维导图板书的课堂可以做到重点明确，有系统性；启发思维、有生成性；美观有趣，有艺术性。

思维工具箱

1. 如果手绘有难度或者时间不好掌握，教师可以把主题图和关键词设计成卡片，上课时可以贴上黑板，作为思维导图的一部分，既提高效率，绚丽的图片更可以增强板书的美感，辅助理解，加深印象。

2. 思维导图板书设计不必是所有知识的全景图，也可以是板书中加入“迷你思维导图”，如图3.1–4所示。

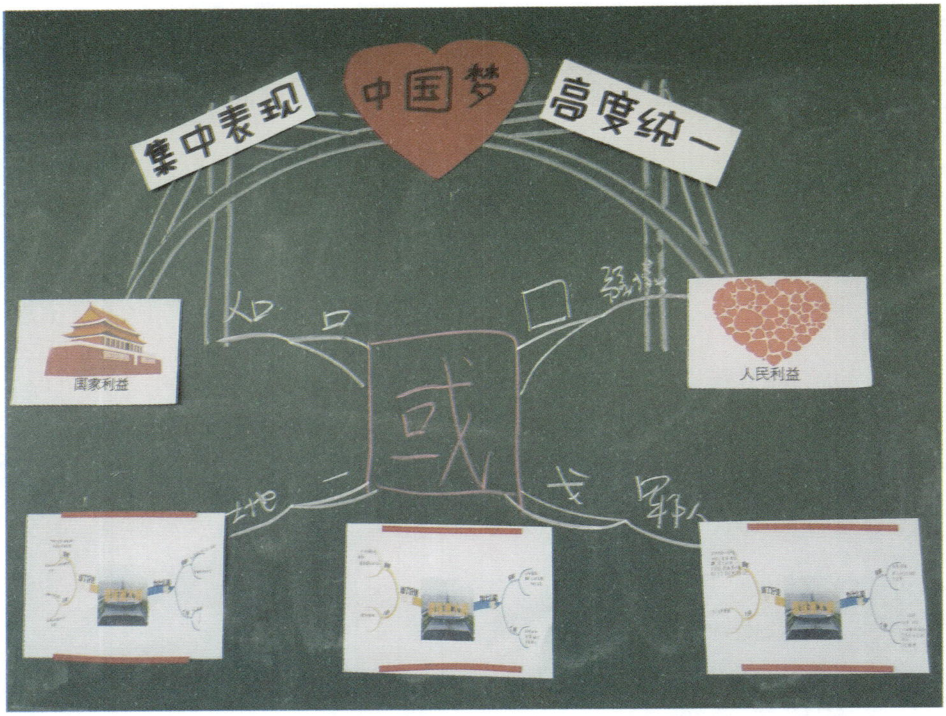

图3.1-4

3. 思维导图板书可以作为教学资源，高效实用。比如，教师可以拍下磁性便携白板的思维导图板书或黑板上的思维导图板书内容，帮助自己进行课后反思，也可以作为学生当天回家后进行课后复习的资源使用。

3.2 小组合作

在课堂教学中，常常会有小组合作探究环节。

教师通过小组合作，激发学生共同探究的兴趣，通力合作解决重难点，让学生有机会相互学习，将合作、竞争和个人行为融为一体。在讨论活动中，往往存在主题分散不能集中，无序思维得不到组织，小组成员之间不能齐心合作，不能能力互补，不能产生高质量的小组讨论成果等状况。

我们可以利用思维导图来提高小组讨论的效率和质量。

在学生进行小组讨论的时候，教师用思维导图作为思维支架，可以有效引导他们使小组讨论中的目标更加清晰，还可以更好地让没有思路的同学产生观点，同时能够可视化小组成员的思考，更好地进行总结。在小组代表进行小组成果展示时，也可以让更多的学生去自信有效地分享小组讨论的成果，同时快速收获到其他组的不同观点，实现思维的碰撞。另外，教师也可以在学生高效回答的基础上检视学生的收获，更好地引导和总结。

具体而言，在教学中，首先要根据教学目标和学情，给出有讨论价值的问题，激发学生兴趣，让学生把注意力集中到中心话题上；其次，小组里应该有学生作为记录员，及时记录大家的讨论成果，甚至可以有每个同学专属的颜色或图形，每个同学在讨论中贡献的内容都可以非常清晰地呈现，避免讨论话题时出现跑题或重复等情况；最后，讨论结束后，小组内部交流成果时，小组内任何学生都可以通过小组共创的思维导图进行“有话可说”，有思维导图做思维支架，组与组之间就可以在讨论的成果基础上达成共识，互相补充，形成更全面的观点，提升教学效果。长此以往，学生们就敢于探究问题，勇于创新思考，善于表达和沟通，得到更充分的发展。

准备材料

小组讨论需要用的思维导图框架。

操作说明

1. 根据自己课堂的具体学习问题，把该问题的思维导图思路提示打印在思维导图上，每个小组一份。

2. 限定讨论时间，让小组讨论时把讨论结果写在思维导图相应的位置上。

3. 小组呈现，小组代表来讲述自己组的理解，可以使用同频或者投影仪让所有同学看见，也可以看到同样的角度下不同组的不同理解。

实操参考

开放版：

1. 给定话题，不给具体思维导图框架思路，让学生自己在这个话题下借助思维导图自由碰撞，产生更多的想法。

2. 限定讨论时间，先让每个同学自己思考，可以把自己的想法先写在自己的便利贴上。然后再写到小组的思维导图上，先每人贴上，大家再在这个基础上继续思考更多其他方案，选出最佳方案。

3. 小组呈现，小组代表分享自己组的想法，同样可以使用同频和投影仪来让其他同学看见，并可以在组间分享中找出最佳的方案，还可以用举手投票等方式总结全班的最佳方案。

半开放版：

在上《国家好，大家才会好》这一框题时，我播放完视频《港珠澳大桥介绍》后，就顺势提出小组需要共同探究问题：分析港珠澳大桥为什么能修成及其影响，并记录在小组的思维导图上，引导学生深入探究。

每个小组拿到的思维导图如图3.2–1所示。

图3.2–1

小组代表同频上台展示，其他组补充展示。

第七组的同学就展示他们对这个两个问题的思考，并同频展示他们的思维导图，如图3.2-2所示。

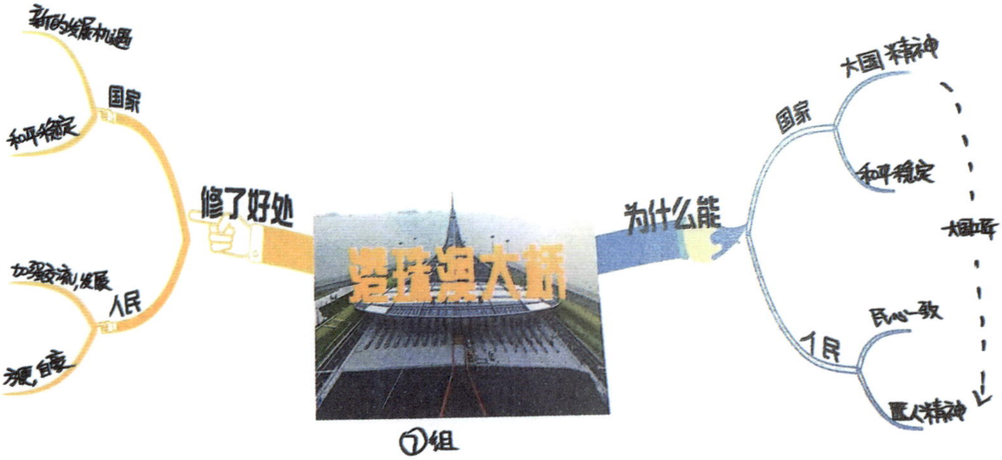

图3.2-2

学生："首先，我们组觉得现在国家能修这座大桥，在于我们有大国精神，这能够体现一个大国的治国管理水平，说明可以修自己想修的桥。港珠澳大桥连接珠海、澳门和香港，这得益于澳门、香港回归祖国，国家有和平稳定这个大环境；从人民的角度，这座桥连接三地民心，三地人民都需要修这座桥。这么难的桥能修成，也归功于造桥人的匠心精神，这股精神有助实现我们的中国梦。其次，这座桥修好了，对国家而言，带来的是新的发展机遇，可以扩大三地的内需，增强三地的经济联系，这是一座沟通桥、繁荣桥，有助国家的和平与稳定；对人民而言，可以加强彼此交流，进一步促进内地与港澳地区的人员往来，方便老百姓出行，每个人都感觉更加自豪，可以增强民族自信心。”

之后，第三组的同学也上台展示他们对这个两个问题的理解，并同频展示他们的思维导图，如图3.2–3所示。

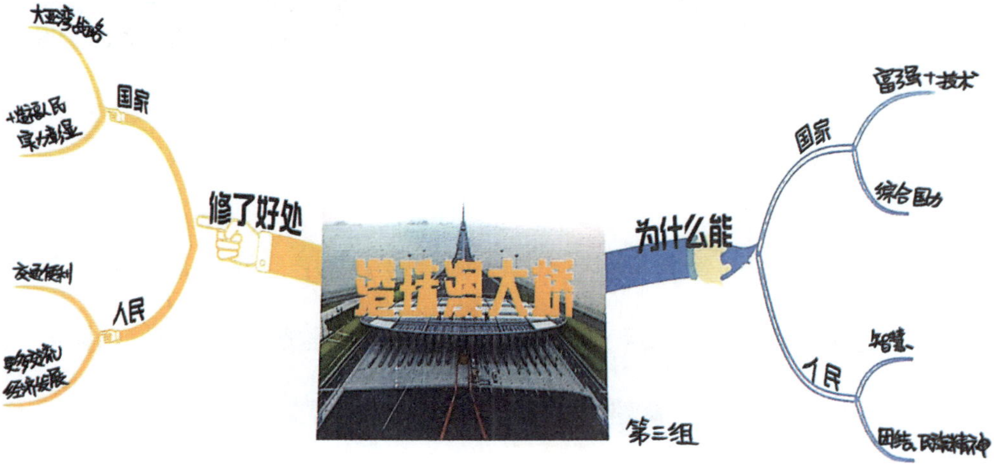

图3.2–3

学生：“我们组认为，我们国家能修这样的桥，就在于我们国家已经富强起来了。我们有先进的技术，我们有财力，所以能造这样的桥。人民能修这样的桥，在于我们有智慧去创造性解决造桥过程中的问题，同时也发扬了我们团结一心、艰苦奋斗的民族精神。”

学生展示现场图如图3.2–4所示。

图3.2-4

老师：“正如同学们所言，当今中国富强起来了，科技水平提升了，才能修这座桥。通过修桥我们看到，人民利益的维护离不开国家利益的实现；同时，这座桥的修建也离不开劳动人民的智慧和发扬艰苦奋斗精神。这同样让我们看到，国家利益要靠人民来维护，国家利益离不开人民利益。为何修桥？来源于港珠澳地区人民的共同发展需求，修这座大桥是人民利益的集中表现；修桥对国家和人民是功在当代而利在千秋的事情，国家利益和人民利益是紧密联系在一起的，是高度统一的。”

开放版：

在我上《无形的财产》这堂课时，我就借“纸”呈现了一堂有趣的课。在这个课堂中，用思维导图作为思维支架，结合课程内容，发挥思维导图的发散思考功能。在小组操作时，我就借用思维导图展开头脑风暴，是完全开放的版本。

老师："创新是'十三五'规划的核心，是中国发展的重要驱动力。我们正处于一个创新的时代。在座的我们，有没有创新的精神呢？有没有创新的能力呢？今天，让我们一起来'点纸成金'。"

合作探究一：点纸成金

通过小组讨论，运用自己的智慧让我们手中的白纸增值，并将方案用思维导图记录下来，看哪一组想法最多最有趣。

学生进行小组讨论，并进行上台展示，作品如图3.2-5所示。

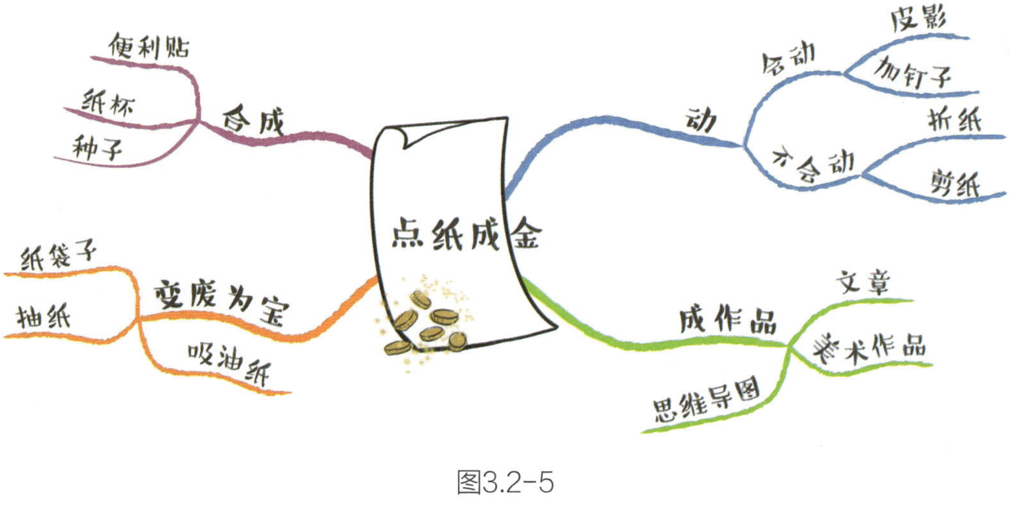

图3.2-5

老师："创意强调的不仅是点子，更强调要落地实践，我们再一起来看看前段时间我校'开放周'大家的部分优秀作品。"

知识点拨（老师）：现在我们手中的纸增值了没有？都是通过什么实现的呢？

小结（老师）：智力成果的含义及表现（通过思维导图记录+多媒体同步呈现）。

合作探究二：一纸成金

通过学习，小丽知道了什么是智力成果，于是她在网上发起了“我最喜欢的智力成果”的讨论，请你参与并在刚才分享中评选出你们小组最喜欢的智力成果（在自己的思维导图中选，也可以投票其他组的作品），并谈谈理由。

学生小组讨论并呈现：

一组：我认为是我们组的书籍。纸可以用作写书，书籍作为精神财富是无价的。

二组：我认为我们组的这个设计方案（举起他们自己组同学的艺术作品）最棒，因为我们组的同学做的这个剪纸是独一无二、不可复制的，是非物质文化遗产传承作品。

三组：我觉得我手中的这个飞机最无价，现在它只是一张纸，但是我飞行梦的模型，希望无价，梦想无价。

老师（引导归纳总结出智力成果的作用）：“它改变了人们的生存状态，丰富了人们的生活，推动了人类社会的发展与进步。”

思维工具箱

1. 小组讨论时，教师要让小组长借助思维导图的框架进行有效组织，可轮流安排专门的“笔记官”和“发言官”，其他同学在发言时，“笔记官”借助思维导图进行简要记录，为了让每个同学都能在小组里得到锻炼，都有发言和展示的机会，可以同样请小组的这位“笔记官”也成为“发言官”，把自己做的记录进行全班分享。

2. 在小组展示后，为了分享更多组的讨论成果，可以把其他组的思维导图作品用手机拍下来同频到屏幕上，充分利用现代化设备提高课堂效率，调动更多分享。

3. 将没有分享的学生的作品贴到黑板上，让更多同学可以课后分享，如图3.2-6所示。

图3.2-6

3.3 教学设计

作为教师，不能进行无准备的教学活动，上课前，每位教师都需要认真备课、写教案等。

教师往往采取的是地区或者学校统一规范的教学规范，其实对不同的学科、不同课型和不同教学内容，甚至同样的教学内容，由于不同的教学理念、目标、学情和方法，做出的教学设计都应该是不一样的。

大部分教师都习惯于将上课要说的每一句话、每一个提问，以及学生的每一个可能的答案，都以文字的形式写下来。一节40分钟的课，所对应的教学设计内容，往往多达数千字，新教师在上课时往往还需要想着下一句话该怎么说，下一个问题该怎么问……而且，课堂中的生成性内容往往是不可预期的，其中有些环节也很难完全按照教师的预期开展……

思维导图是一个可以帮助教师梳理知识网络，让教学设计清晰直观、简洁明了、重点突出的简便易用的工具。我们用思维导图进行教学设计，一方面可以使用学科经典的教学流程进行具体设计，提高效率，构建起自己的教学常态；另一方面也可以借助思维导图的“俯瞰全貌”的功能，根据具体的内容和需要进行针对性的多维设计，这将是在系统思考下发挥创造力的过程。这样，教师在课前不仅可以清晰地把握一节课的知识点及其体系结构，在课堂上更能与学生进行真实的互动交流，不被传统的教学设计所困，这样的课堂才能促进学生的思维绽放，加强对知识的理解。[①]

因此，用思维导图帮助自己进行教学设计是修炼教师内功的一个很好的工具，可以把教师从传统的备课方式中解放出来，把教学设计过程从线性的备课稿的记录转变成一个深入思考过程，一个对零散知识点进行整合加工的过程。不仅可以帮助教师深入分析教材、理清思路和教学细节，综合组织出合适的课堂操作；还可以帮助教师加深对教材的理解，上课时游刃有余，充满张力和灵活性；更可以帮助教师进行课后反思和总结，进行教学的深度打磨和再设计。

准备材料

彩笔，纸（也可以用思维导图软件操作）。

操作说明

1. 教师首先研读课程标准和教材，确定要讲的内容及教学重难点。

2. 确定教学的大致环节（流程、方法、内容、活动等）。

3. 用思维导图进行梳理，进行平衡和细节处理。

① 赵国庆《别说你懂思维导图》。

实操参考

新课：

比如，讲《法不可违》这一课，按照“话题导入—探究学习—形成观点—场景应用—总结升华”这个流程去设计这一课的内容，我用思维导图构建教学设计，如图3.3–1所示。

图3.3–1

由于这节课确定要作为展示课，组内教师听后，提出了一些改进建议，结合自己的反思，我进行了整理，如图3.3–2所示。

图3.3-2

复习课：

复习课对教师有针对性设计课程提出了高要求，针对不同的学情和不同进度的目标，教师常常需要理清头绪，设计出可操作的高效复习课堂。

用思维导图为复习课做教学设计时，不仅可以在做思维导图的过程中更全面、系统地分析复习课，构建出更好的可操作的复习流程，还可以对每次思维导图版的复习课进行更好的调整，作为系统复习的一个部分，串联起每次的复习课，成为一个完整的复习系统，让教师更清楚“复习了什么”“学生更需要复习什么”。

我常常会根据学生反馈调整复习课的操作方式，形成很多自己可以操作的经典复习课流程，日常教学中根据自己的需要再进行针对性调整，如图3.3-3所示。

图3.3-3

讲卷：

对于讲评试卷的教学，有些教师就是拿着试卷讲试卷，讲完就结束了，讲评试卷如果用常规写教案的方式来设计，不太好操作。但在用思维导图讲试卷的过程中，由于思维导图需要全面思考问题，更容易让教师系统分析试卷、深入思考命题的依据、知识点的漏洞、如何去讲、怎样训练学生思考一道题等更细致的问题，更容易打造高质量的试卷讲评课，让学生在一堂试卷讲评课中收获更多，如图3.3–4所示。

用思维导图做教学设计时，并不需要特别在意画图的质量，主要是思路的梳理，提高备课质量和效率，充分发挥自身的主观能力性。这个过程就像绘制某产品的草图一样，刚开始你很可能会改来改去。当你习惯了这种方式之后，既可以熟练借用经典的教学流程，还可以直接全面思

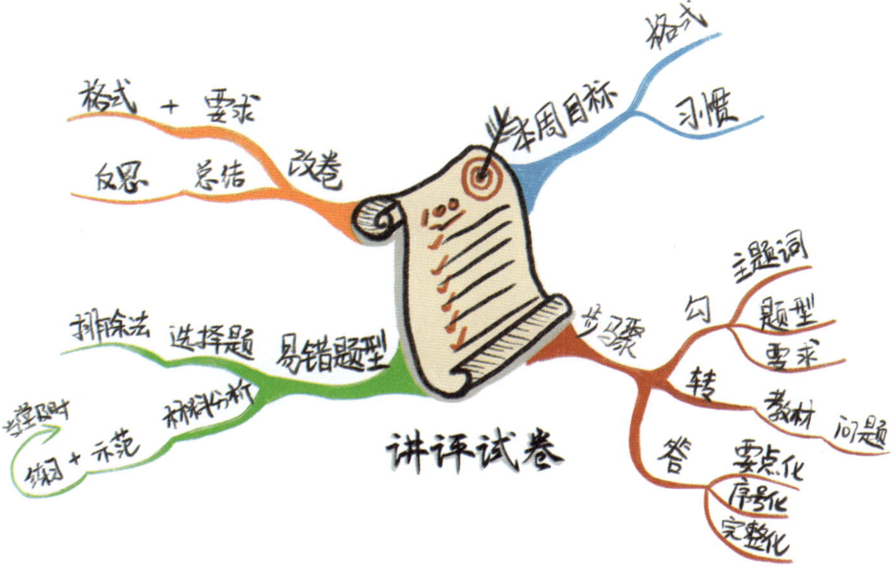

图3.3-4

考课堂流程，形成直接的不同教学阶段的教学模式。

思维工具箱

1. 可以每学期准备一个思维导图本，方便自己设计思维导图版教学，在系统记录的同时也可以在此基础上进行反思和经验总结。

2. 用思维导图做教学设计可以根据自己习惯选择手绘版或软件版，可以进行调整和再设计，软件版相对来说更便于分享。

第 4 章

应用能力课

LESSON OF APPLICATION ABILITY

4.1 知识点复习

复习是巩固知识的有效手段，但复习什么和如何复习有着很大的学问。很多老师了解到课堂中用思维导图，就是在于知道思维导图是用于复习的很棒的工具。运用思维导图来帮助复习的确具有很大的优势，比如可以帮助学生建立起整体的知识结构，甚至可以主动构建学科的知识网络。通过发挥思维导图中颜色、图标的功能，还可以突出重难点，标注学习进度等，让复习更具针对性、可视化。[①]

要发挥思维导图在复习上的功能，一定要把复习当作一个长线系统持续地用。很多教师往往没有系统地去用，常常是做了一单元，没有做二单元、三单元、四单元，而且教师只是让学生用了，自己没有给出参考版本；或者只做了一次思维导图复习课，没有后续的其他版本把上一次的思维导图高效重复利用，这样的复习课没有连续性，思维导图的优势也就不能更好地发挥出来。

用思维导图上复习课，不仅仅是帮助学生记忆和累积知识点，更重要

① 赵国庆《别说你懂思维导图》。

的是借助思维导图来引导学生深度理解概念、原理，进行思维整理，自主建构完整的知识逻辑体系，使知识系统化、逻辑化。

用思维导图进行知识点的复习，不应仅仅是关注当前结果，最好是持续地用，更要坚持引导学生自己去梳理，去找出问题。在这个过程中，学生的思维能得到一步步的训练，促进有意义学习的深入，逐渐深度理解概念、原理，然后建立起知识网络，自主构建出知识体系。学生会因此提升学习的能力，增强自信，降低面对考试的焦虑感，把复习当作一个有趣的、主动构建的有意义过程。

准备材料

思维导图提纲版或主题版，教师梳理的可参考版的知识总结。

操作说明

1. 第一次使用该方法时，可以给出思维导图的提纲版。根据课时安排，可以课前布置任务，也可以上课时让学生自主或小组共同讨论，完成知识的梳理。

2. 学生进行知识展示，其他组发现问题进行补充。

3. 教师引导学生回到教材，深度解读易错易混问题。

4. 学生修正后，教师分享自己梳理的可参考版知识总结。

实操参考 1

在第一次用思维导图进行知识总结时，我先进行视频示范（见本书用翻转课堂学思维导图部分），示范思维导图如图4.1–1所示。

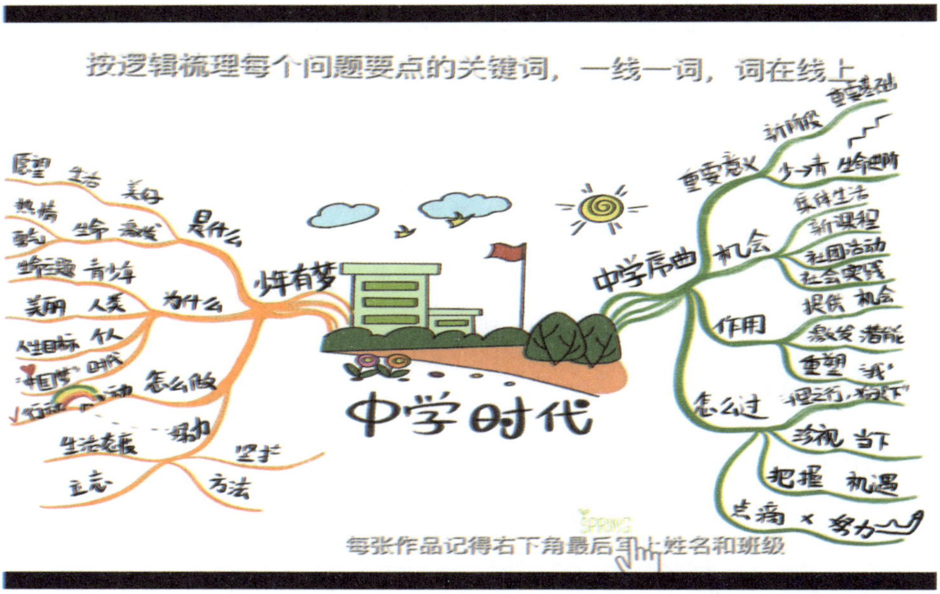

图4.1–1

学生上周末参照这个过程对第一课进行了知识总结。新的一周，我考查完学生的作品，发现了大部分学生的知识问题。课堂上，我就会在这个基础上引导深入复习。我呈现几张学生的第一次周末作业，如图4.1–2、图4.1–3、图4.1–4所示。

图4.1-2

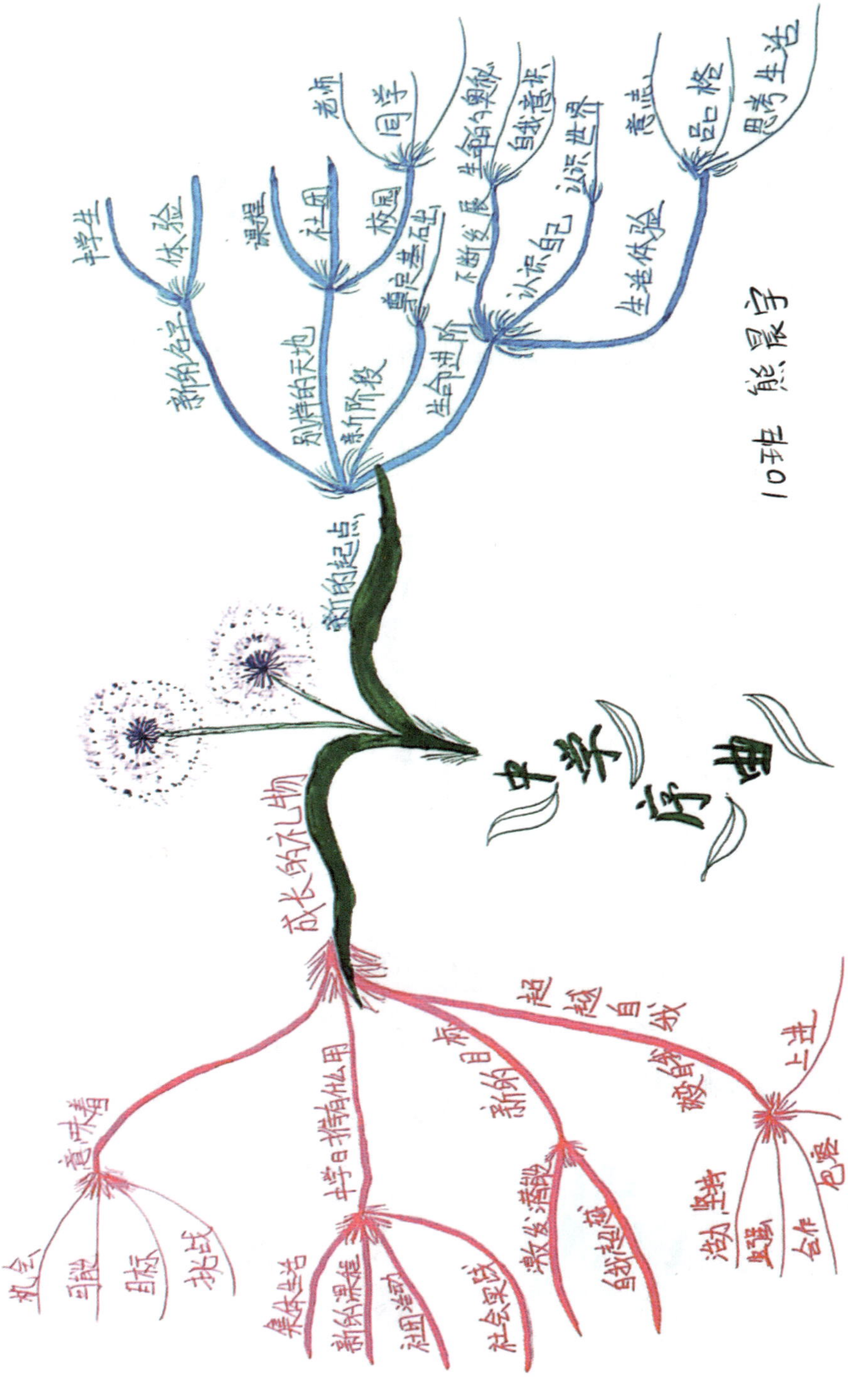
中学序曲
新的起点
新的名字
中学生
体验
别样的天地
课程
社团
校园
新阶段
生命进阶
老师
同学
不断发展
认识自己
认识世界
生活体验
品格
思考生活
10班 熊晨宇
超越自我
新的目标
上进
合作
包容
集体生活
社会实践
机会
挑战
目标

图4.1-3

图4.1-4

从上面可以看出，第一课《中学时代》包含“少年有梦”和“中学序曲”两个部分，同学们都能根据上课时梳理的问题进行思维导图梳理。以“中学时代的作用”这个知识点为例，对比图4.1–1，图4.1–3只有两个点，图4.1–2知识错误，图4.1–3、图4.1–4有四个点，但是图4.1–3、图4.1–4也有梳理错误，混淆了“中学时代的作用”和教材里“中学时代给我们带来哪些新的机会”这个知识点。

周末，我给学生看的视频中呈现过这个知识点的梳理方法，具体见红圈和打勾处，如图4.1–5所示。

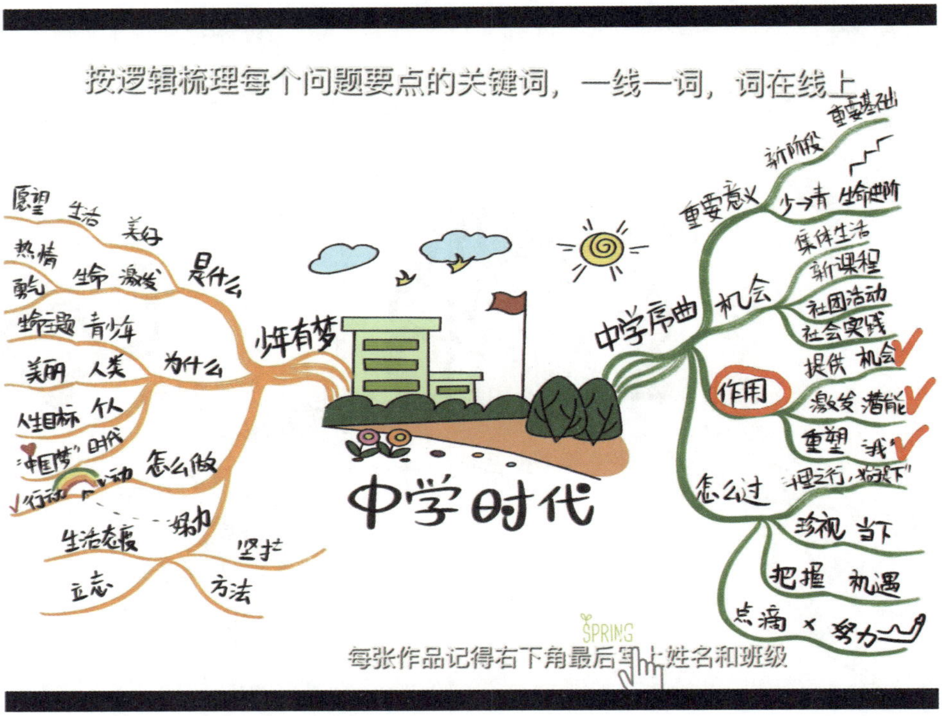

图4.1-5

我第一次用思维导图上复习课时，一方面肯定了学生快速绘画思维导图的能力，另一方面用图对比指出了优秀作品以及出现的问题，为第一单元的复习做好铺垫。

实操参考 2

平时，每一节新课，我都会在黑板上有意识地同步生成思维导图板书，让学生慢慢习惯这种总结知识的方式，感受用一张图进行知识总结的优势，从潜意识里认可这种方式。

当学生对一单元进行思维导图总结时，我提前布置了周末的思维导图作业。学生慢慢发现，每节课需要对知识进行总结，每单元结束，自己需要用思维导图总结。这成为我们课堂的一个复习程序，并形成了习惯。学生的周末作业，具有代表性的如图4.1–6、图4.1–7所示。

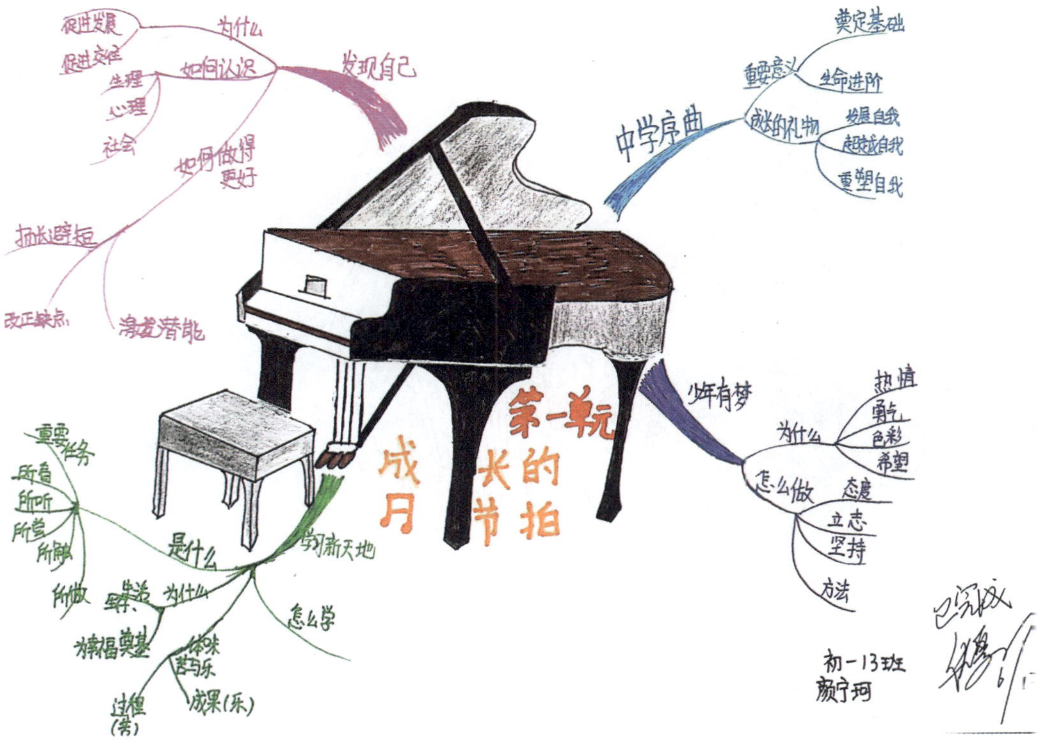

图4.1–6

图4.1-7

在作业中，有些同学的作品不符合思维导图绘制原则，我会留上便利贴，指出问题，提醒改正。

我发现有些同学在知识基础和逻辑上比较乱，有些同学会好一点，但是不全面。所以，在进行知识点复习时，我会统一知识逻辑，强化易错易漏点，强调修正笔记。

接下来我分享两个课堂操作版本。

版本一：

课堂上，由于同学们逻辑不统一，我会给每个组一张提纲版思维导图，让同学们通过小组合作讨论，结合教材完成关键词梳理，并要求每个同学借助小组力量检查笔记，最后在思维导图对应分支做出页码标注。最后，小组呈现，其他小组修正，小组的提纲版思维导图如图4.1-8所示。

图4.1-8

学生们通过在小组里激烈地小组讨论，限时完成任务，小组完成的思维导图如图4.1–9所示。

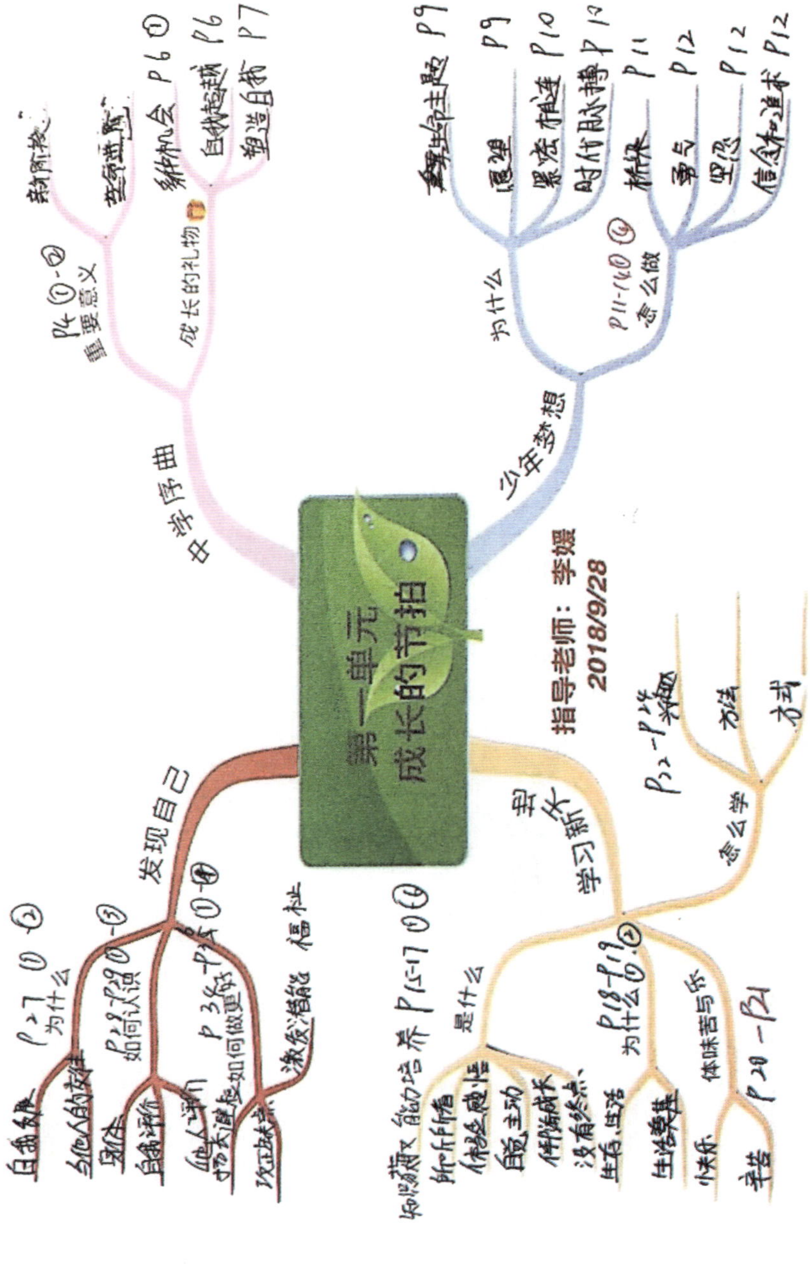

图4.1–9

我进行知识总结，最后分享可参考的思维导图版总结，如图4.1–10所示。

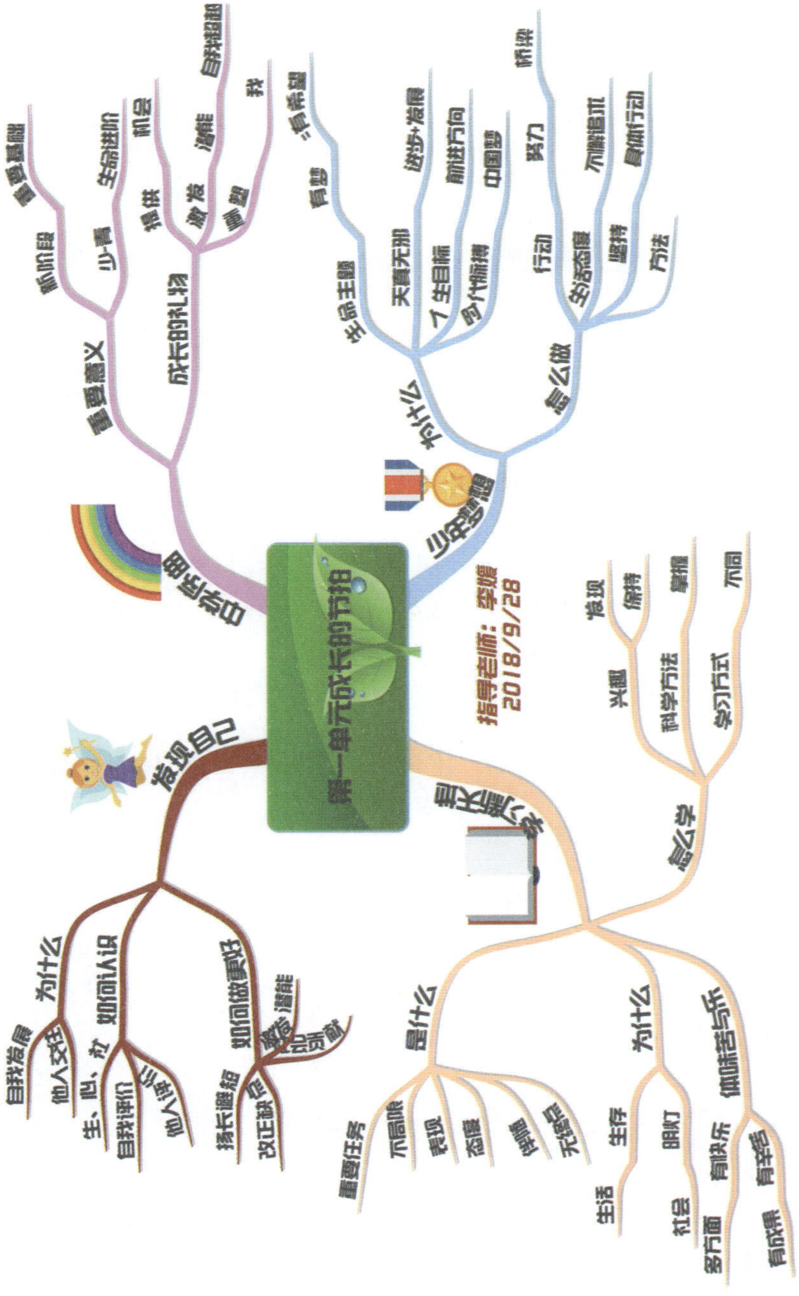

图4.1–10

在这个过程中，我借助思维导图打通学习通道，既能在小组内实现碰撞，在小组间实现补充，在小组外实现互学，同时也把学生的隐性思维显性化，进行查漏补缺。

把第一单元的知识复习做好之后，后面的每一次知识复习，学生就知道了程序，参与度和质量都变得更高。到了期末，每位学生在自己的思维导图专用本上自己都已经梳理完成了四个单元，并通过每次复习课，收获了四个单元老师的参考版本，其间的任何阶段考试或者期末复习借助思维导图，可以快速复习之前的知识。在讲课时，这些思维导图的知识总结，也可以成为教师讲课的知识地图。

版本二：

同样是刚才这个单元的复习，我会选出周末作业中有代表性的思维导图投影到白板上，在肯定这张作品是周末的“优秀作品”的基础上，把单元的知识点分到小组，定时讨论，让小组同学在结合自己思维导图的总结和教材知识基础上，在这张思维导图上“找茬儿”。然后，根据小组的反馈，我用白板笔在白板上对“优秀作品”进行修改。

最后，我再进行整体总结，并给出参考版的思维导图，引导学生回到教材，并在自己的思维导图上进一步梳理核对。

可见，用思维导图进行知识点复习，一定不是一节课，或者一次复习公开课。在日常教学中，如果我们用思维导图系统地长期地进行复习课引领，不仅可以打通日常上课时学生的每一节课的知识总结，还可以帮助学生逐渐构建起主动进行复习的好习惯，提升对知识的分析、理解和梳理，能够进行知识自查，学会积累知识，面对任何一次考试，都可以做到“心中有图”。到了毕业年级，这些思维导图更能帮助快速复习，快速进入复习的高价值区域，进行深度学习。

思维工具箱

1. 教师可以在黑板上或者磁性白板上画出知识提纲，让学生讨论后，派出代表去填写。为了节省时间，也可以在讨论时，一个关键词用一张便利贴，然后贴在思维导图框架上的对应位置。

2. 教师引导学生自己进行知识总结，可以在复习课之前进行知识梳理以使复习课更加有针对性，也可以根据学生对知识掌握的情况，在上完复习课后再画思维导图进行巩固，甚至还可以用思维导图整理重难点和易错点。

3. 教师还可以在学生画思维导图时，让学生用便利贴写上自己不懂的问题，不仅帮助学生借助思维导图主动明确知识的掌握程度，进行自我反馈，还可以借助思维导图有针对性地提高复习效率。

4.2 题型解构

在教学中，很多学生向我反映，最让他们头疼和焦虑的，就是不清楚自己面对的是怎样的题型。平时，自己也做了不少题，可在做的时候总是辨识不了题型，作答的时候总是不能把握该题型的要求。

思维导图强调知识之间的联系和系统化、网络化的思维模式，用思维导图在知识复习的基础上进行题型分析，可以打通简单的知识复习，为知识的应用建立起“一座桥梁”。

近来，在教学生第一次做习题时，我开始引导他们对即将遇到的题型进行解构。我告诉他们，这就像是在打游戏时，先看看自己需要打哪些怪兽，然后遵循各种怪兽的打法，进行逐步消灭。当然，这需要借用思维导图，将各类题型以及这些题型的特征总结出来，做好笔记。在练习的过程中，进行识别练习，进而熟悉，最后自动化地完成不同题型与教材的结合，实现高效作答。

准备材料

题型总结的思维导图，学科练习册。

操作说明

1. 教师分享学生们当前集中练习的几种题型。

2. 让学生在练习册上找这些题型，在小组中归纳每种题型有什么不同的提问方式。

3. 在学生练习的基础上，教师进行总结，要求学生边说边指出对应例题。

4. 根据学生的易错点，选一种类型开始实操练习，同时引导学生回归教材，进行知识疏通。

实操参考

初次使用：

教师："同学们，做题其实就像打怪兽，今天我想要大家认识各种怪兽的分类图，让我们一起去发现它们吧。"

接下来，教师提醒学生们最近遇到的怪兽是"是什么类""为什么类"和"怎么做类"。然后，请同学们把练习册拿出来，进行小组探究：

1. 每位同学先在所做的题里找到这些怪兽的类型，每种至少找到一个。

2. 组内交流，在组内同学的帮助下，按照教师给的思维导图模板（见图4.2-1），尽量多地归纳出来每种题型有什么不同的提问方式，并记录好对应的例题页数。

3. 展示时，先找到题型说法，以及对应的例题页数。

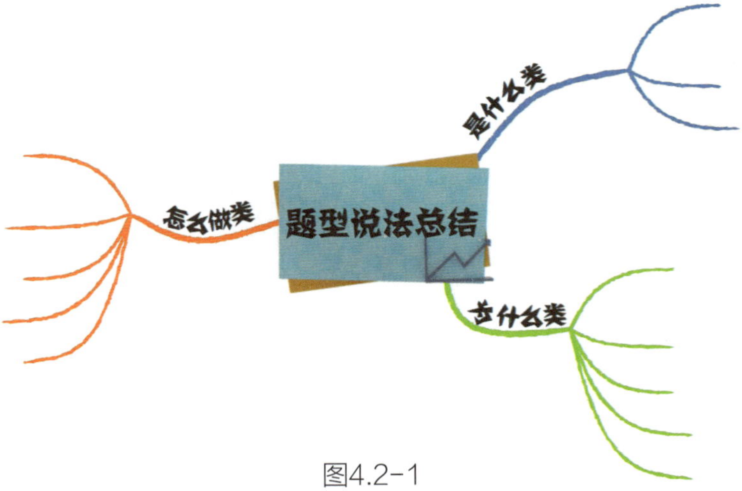

图4.2-1

学生小组讨论：

学生1（展示）：“‘是什么类’，我们找到了第23页的第15题，问法是‘小文在材料中运用了哪些认识自我的途径’；‘为什么类’，我们找到的是第18页的第13题，问法是‘为什么习近平总书记提倡我们青年学生要努力学习’；‘怎么做类’，我们找到的是第23页第16题‘请你给材料中的丁丁提点儿建议’。”

教师：“同学们对于这几个说法有没有不同意见？”

学生2：“我们组认为他们组说的‘小文在材料中运用了哪些认识自我的途径’应该属于“怎么做类”，因为答案是书上‘如何认识自我’的知识点。”

教师：“同学2能够从答案入手看到这道题的真面目，真不容易。的确，这些题就像怪兽善于伪装，我们需要在熟悉教材的基础上，不被题目的问题唬住。其实对‘小文在材料中运用了哪些认识自我的途径’，我们应该抓住‘哪些’和‘途径’这两个词，单看‘哪些’是有点像‘是什么’类的题，但是由于结合‘途径’，再对应书上‘认识自我’这个知识点的逻辑，即‘自我是什么——为什么要认识自我——如何认识自我’，就会发现，这个问题是在问‘如何认识自我’。”

学生3（展示）：“‘是什么类’，我们找到了第22页的第14题，问法是‘少年有梦，你的梦想是什么’；‘为什么类’，我们找到了第17页的第12题，问法是‘你会如何劝说小丽的爸爸让小丽重返校园’；‘怎么做类’，我们找到的是第26页第16题‘对于别人的评价，我们该如何认识’。”

学生4：“我们组认为第17页的第12题‘你会如何劝说小丽的爸爸让小丽重返校园’属于‘怎么做类’。”

教师：“我们一起来看看，对于‘你会如何劝说小丽的爸爸让小丽重返校园’，我们需要用什么知识点来回答呢？”

学生4：“‘学习的重要性’。”

教师：“这也就是说，要告诉小丽的爸爸为什么小丽需要回到学校学习，对不对？”

学生4：“对。”

教师：“非常好。对‘你会如何劝说小丽的爸爸让小丽重返校园’这个说法，我们可以理解为‘为什么要学习’。也就是说，这属于‘为什么类’题型。好的，我们继续分享。”

（略）

教师："同学们分享了很多题，也发现了不同题型的不同问法，那我们把同学们刚才分享的内容总结一下，看看我们收获了哪些呢？

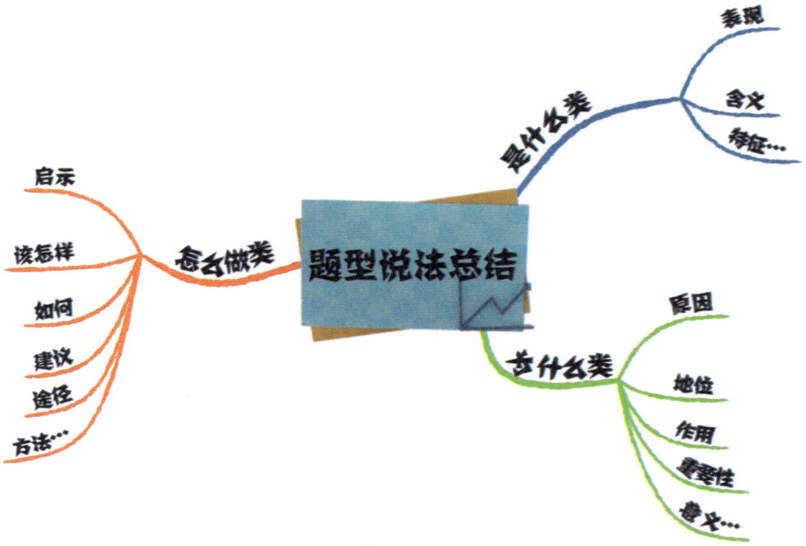

图4.2-2

教师跟学生一起回顾，用思维导图梳理学生的说法，见图4.2-2。

教师："我们把这张思维导图笔记记录到自己的书上，以后我们做题时，遇到了这种题型的其他说法，我们还可以在下面继续加分支进行补充。不过老师想问问大家：'这个总结能不能绝对套用呢？'"

学生5："不能，我们需要去分析，结合教材，具体问题具体分析。"

教师："很好，我们归纳题型的说法是帮助大家增强归纳意识，提高辨别能力。在打怪兽时，真正的高手会仔细观察怪兽，具体问题具体分析。当然，这一切都源于我们对教材的熟悉和理解，才能更好地应用。"

后续使用：

我们在课堂每单元结束后，会用思维导图进行知识复习。在某一个阶段，我们还会进行板块复习，学生们会借用思维导图进一步进行知识梳理，构建知识的联系，从做题的角度去淘金，也就是把知识点和题型进行主动联系。

课堂上，我们会给一个思维导图版的提纲，给出简单的思维支架，让学生可以针对性地练习和分析。在这个基础上，让学生自由发挥，如图4.2-3所示。

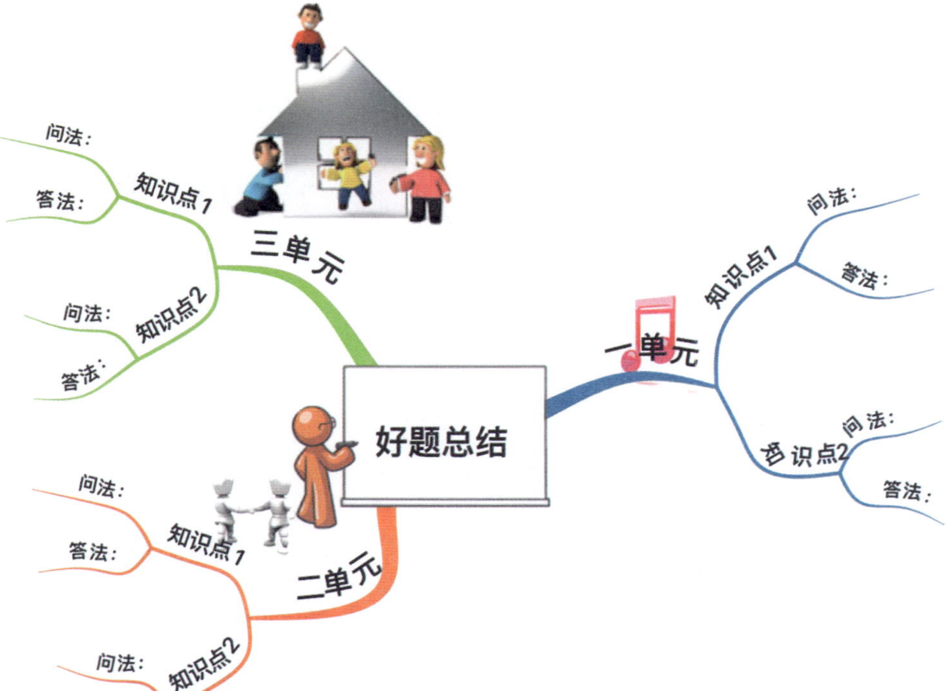

图4.2-3

教师给出思维导图版的思维支架时，最好进行简单解释和操作示范，照顾到班级里不同层次的学生的需求。

比如，教师给出这个思维导图时，简单解释了一下："同学们，我们最近复习的是1–3单元，一单元的主题是什么？"

学生："'成长的节拍'。"

教师："所以，一单元教师在这里画的是'一个音符'，第二单元的主题是什么？"

学生："'友谊的天空'。"

教师："所以，二单元教师在这里画的是'两个牵手的小伙伴'，第三单元的主题是什么？"

学生："'师长情谊'。"

教师："所以，三单元教师在这里画的是'在一个房子里，两个成年人和两位小朋友'，既代表同学们在学校接受教师的教导，也代表同学们在家里与父母以及其他家人和睦相处。我们接下来需要结合咱们最近在这些单元里知识点的基础上掌握不同题型，去梳理出一些你们觉得自己还不太明白的知识点的问法和对应的答法，实在不会的同学，可以把知识点对应书上的问题写出来后，先空着，已经比较清楚的同学可以去分析梳理出重点知识，把不同的问法和答法整理出来，看看会不会发现什么规律。"

学生们往往会根据自己的情况进行复习，在反馈回来的思维导图作业的检查中（见图4.2–4），教师就会发现不同层次的学生遇到的不同问题，

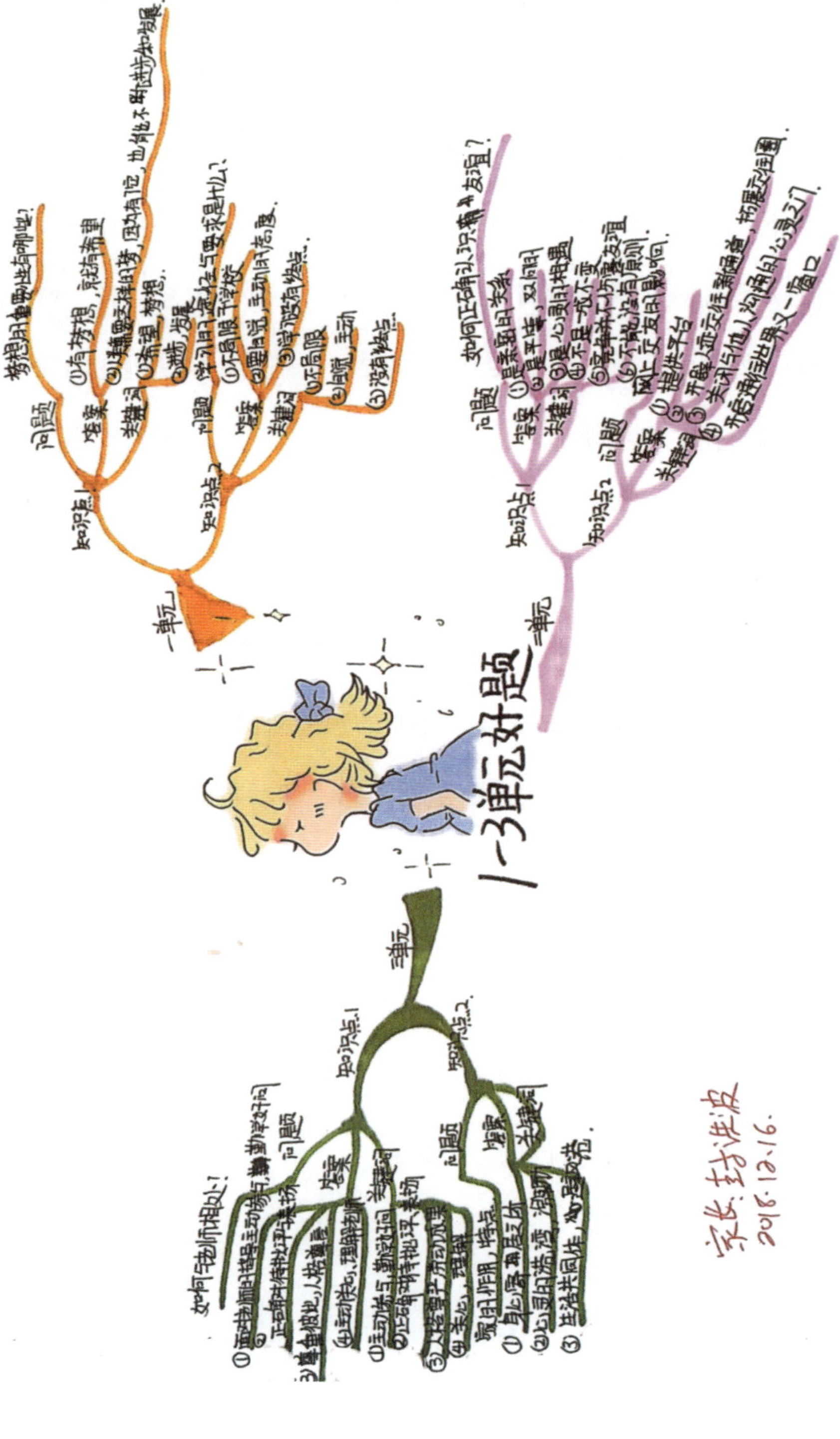

图4.2-4

可以针对性地进行复习讲解。在这个基础上，无论学生以小组的方式进行分享，还是以学生代表的方式进行示范，都可以让学生的复习和分享质量提高，都会获得有针对性的收获。

几个不同阶段的复习环节下来，越到后面的复习，学生借用前面的思维导图的知识梳理，进行更高阶的复习整理时，效率越来越高，效果越来越明显。下面两张图（见图4.2–5、图4.2–6）是同一位学生在前后两个阶段的梳理对比，我们明显可以发现，该学生在复习中充分发挥了主观能力性，对知识的把握越来越好。

思维工具箱

1. 你可以用板书的方式先把思维导图的题型画在黑板上，学生边分享边记录，自然而然就可以生成所有组的总结，然后再让学生看有没有哪里需要补充的。

2. 如果题型特别多，也可以一节课专门解决一种题型，再让学生去做几道题进行区分，达到应用的效果。

3. 这个方法也可以用于一个知识点，看这个知识点有哪些不同的问法，从而帮助学生把重难点问题集中攻破。

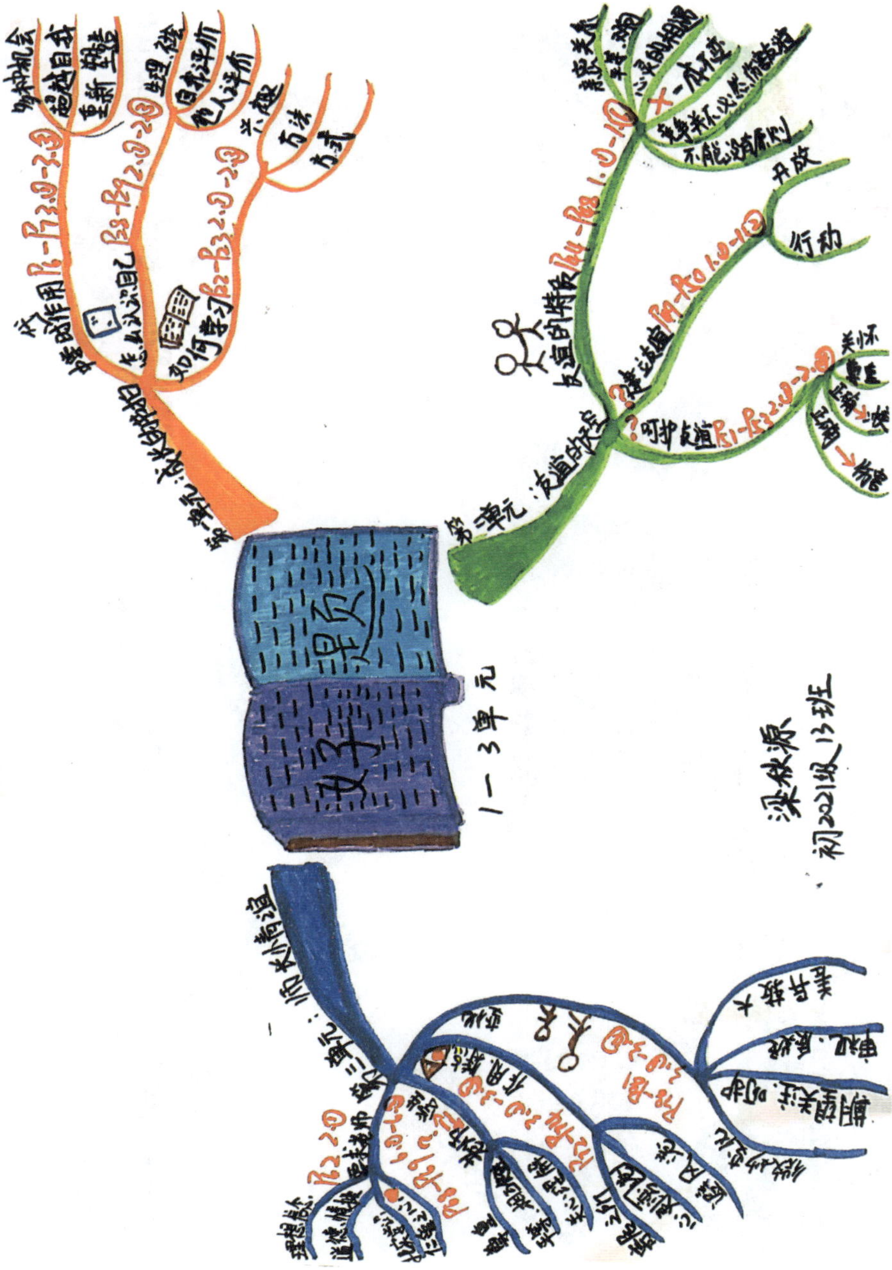

图4.2-5

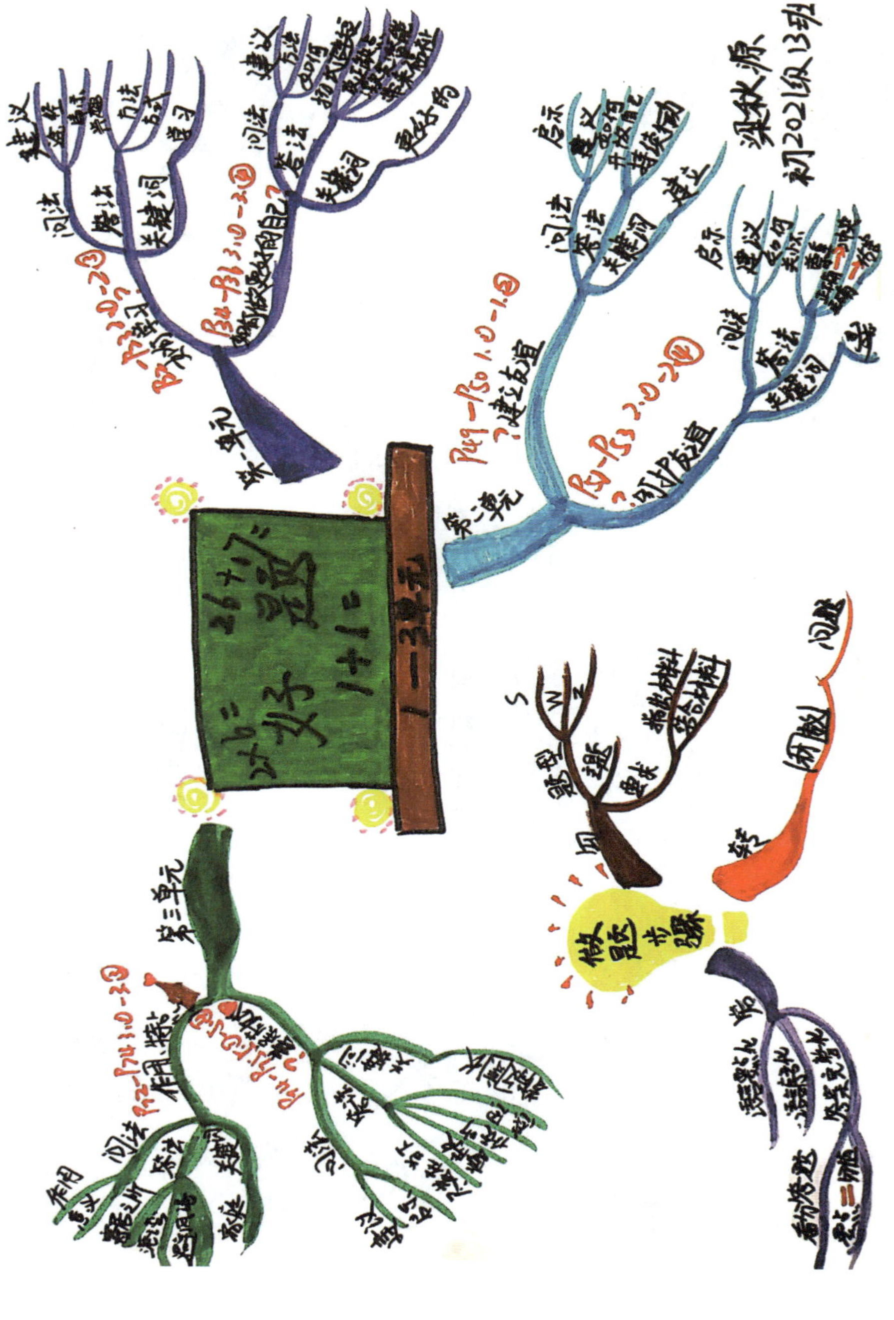

图4.2-6

4.3 解 题

波利亚在《怎样解题》一书中指出，解题是人类最富有特征的一项活动，是学生学习数学的中心环节，是一种实践性的技能，是发展数学思维能力、培养良好心理素质的重要手段。虽然波利亚的成就主要是在数学领域，但是这本书作为师生皆宜的学习解题思维方法的书，适用于任何学科。正如书中强调的，作为任何学科的教师，教师需要明确进行解题教学的作用主要体现在两个方面：

1. 巩固知识，熟练技能

解题是一种对原有知识和技能的应用，不仅可以巩固对知识的记忆，还可以提高技能的熟练度。

2. 发展思维能力

通过解题的教学，实现学生推理能力、化归能力、形式化处理问题的能力、分析和解决问题的能力的发展和提升。

有些教师认为“解题=解题类型+方法”，机械地对题目进行分类，给出每类问题的方法，这种模式虽然能够巩固所学的知识，并且能够加强基本方法的训练，但是忽视了解题目标、过程的分析，以及解题中对应学科思维方法的培养，必然导致学生创造能力下降，缺乏独立开拓的创新意识与本领。[①]

所以，教师必须明确进行解题教学的作用，尤其是使用思维导图进行辅助解题时，核心在于训练学科思维，提升学科思维品质，而且需要根据不同的课堂需求来把握思维导图的使用重点，明确是通过解题思路的深入分析，提高学生思维的目的性，还是通过一题多解提高学生思维的灵活性，或者通过一题多变提高学生思维的创造性，抑或通过多题一解提高学生思维的深刻性。

而教师在进行解题教学时，也“必须以课本上的基础知识为基础，从题目出发，展开联想，根据知识之间的联系来寻找解题思路”。因为解题的本质，是“学会搭建起桥梁”，也就是“在题目给出的条件和提出的问题之间建立起联系，任何一道题目，除了太简单不需要思考的，都应该按照这个思路来解决”[②]。

“学习的过程是一个整体，或者说是一个系统，每一个阶段都是密切联系在一起的。把知识学习好了，解题能力自然就提高了，通过解题的锻炼，又可以加深对知识的理解。”[③]

本书每章内容都可以单独拿来使用，如果你发现本书提倡的“思维导

---

① 赵昕《思维发展型课堂的理论与实践》。
② 李晓鹏《中学生思维导图学习法》。
③ 同注②。

图系统化教学”之所以一直贯穿所有教学场景，就是认为教学不应是线性的连接。所有教学场景都是多维联系的，从“用思维导图进行板书”当节课对知识进行“画小圈”，到“用思维导图进行复习”阶段性对知识进行“画中圈”，再到“用思维导图进行题型解构”对题型应用“画小圈”，最后通过“用思维导图进行解题”这种“画大圈”，从知识应用角度进行知识整合，是教师循序渐进地使用和引导学生使用思维导图，帮助学生实现学科思维成长过程的顺势而为。

当我们使用思维导图进行解题时，是综合发挥思维导图把知识可视化、思维可视化功能，思维激发功能和最后进行思维整合的功能。在整个解题过程中，借助题目和重构知识之间的联系，打通知识间的应用。

准备材料

教材，典型题目，知识复习的思维导图版。

操作说明

1. 教师用思维导图示范一道典型题的分析和解题这个思考过程。

2. 引导学生组织思路落笔作答。

3. 在上述基础上根据需要进行针对的解题练习。

实操参考

操作示范一：

2018年下学期重庆市巴南区统考期末试卷14题：

家庭因为有了家人而温暖，家庭因为有了“美”的元素而和谐。请参照示例，添加你心中家“美”的元素（至少3个元素）。（6分）

> 示例：
> 元素：包容
> 理由：家庭成员之间和睦相处是家庭美满幸福的重要条件，这需要家庭成员之间的互相包容。

解题方法一：

第一步：找到这道题的核心关键词。从题目明显看得出是“家庭”，这一步也就相当于是确定思维导图中的主题图。

第二步：回顾教材，用由大到小的思维方式梳理“家庭”中与美相关知识点的关键词，按照教材三框的内容顺序可以梳理如图4.3–1所示。

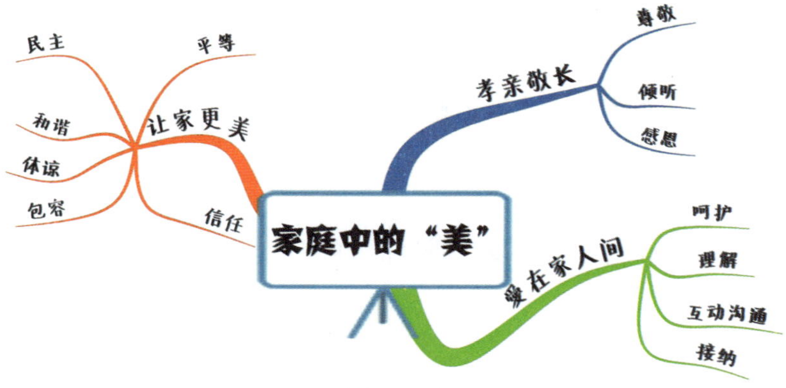

图4.3–1

第三步：按照题目要求进行判断，进一步选择和整理。比如依据此题要求，找出至少3个元素，同时给出相应的理由，所以尽量选择教材中有理论支持的元素。就可以在上面画出的思维导图上做出选择，如图4.3-2所示。

图4.3-2

第四步：按照题目，组织语言进行作答。材料中给出了明确示范，那就在上面选择的知识点中选择3个，借助教材作答，适当调整，组织语言作答。

答：① 元素：尊敬

理由：作为晚辈，尊敬双亲长辈，听取他们的意见和教导，如有不同见解，不急于反驳，理性与他们沟通。长辈也要倾听孩子的想法，做到尊重和民主。

② 元素：感恩

理由：知恩，感恩，用行动表达感恩之情。孩子要感恩父母，做到认真学习，体谅父母辛劳，担当力所能及的劳动，一起建设美好家庭。

③ 元素：互动沟通。

理由：爱是需要呵护的，爱在沟通中加深，亲子间如果发生冲突，需要双方通过良好的互动沟通来解决。

评分要求：

本题为开放性试题，要求所写元素要与理由相符合。如：交流。因为有效的交流，能够增进家人之间的理解，化解家庭矛盾和冲突（至少3点，每点2分，每个要点包括要素和理由）。

在阅卷中发现，这道看似不难的题，但是平均分不到4分。本题本来考查学生思维的灵活性，对教材把握的熟悉度，但问题在于，很多同学自己想了一些“美”的元素，但是理由无法借助教材举证，很多口水话，不能得满分；有的同学不会按照题目给出的要求作答，这道题的题目要求很明显，主要是有些同学提取题目要求关键词的能力比较弱。

当然，在教师讲解或者引导学生做这道题时，也可以借助学生平时做过的这单元的思维导图版知识复习，找到思路方向，直接进行选择，同样也可以找到刚才的家庭中的“美”的元素，如图4.3–3所示。

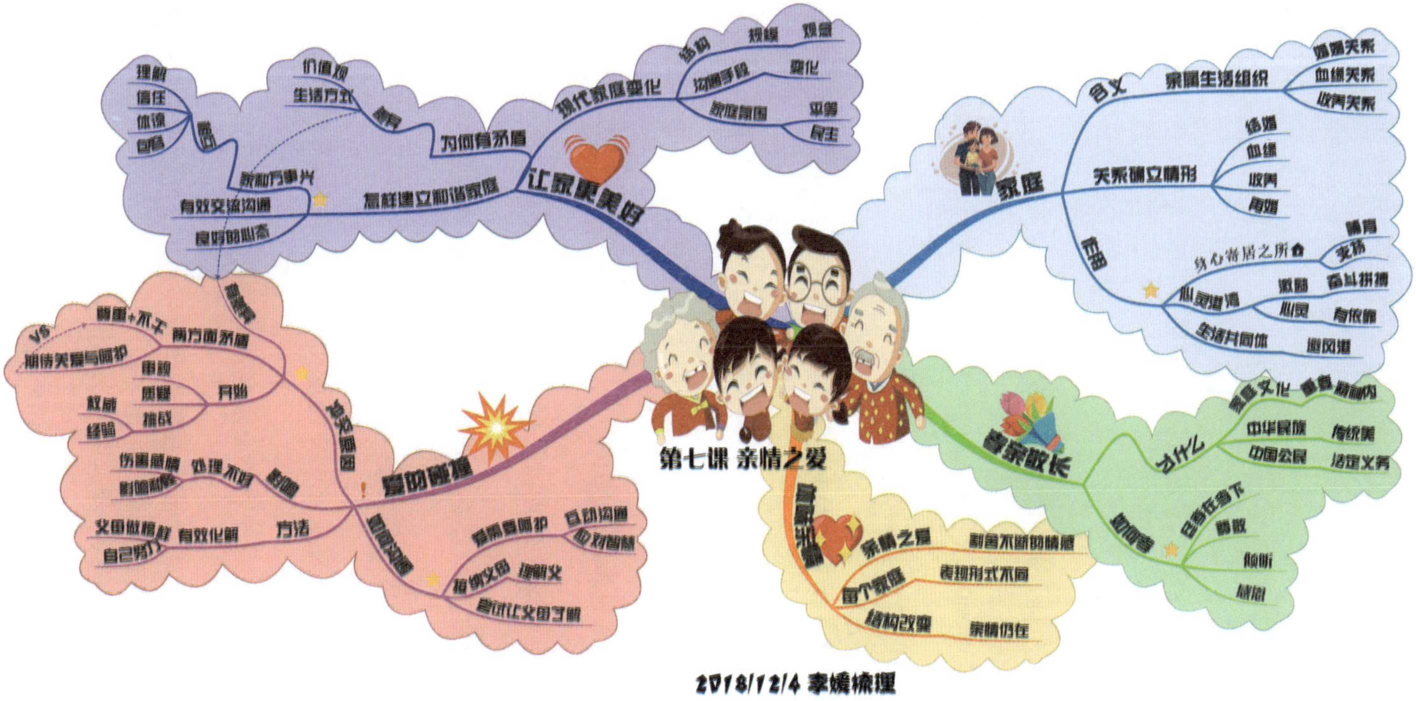
第七课 亲情之爱
家庭
含义
家庭生活组织
婚姻关系
血缘关系
收养关系
关系确立情形
结婚
血缘
收养
再婚
作用
身心寄居之所
情育
支持
心灵港湾
激励
奋斗拼搏
心灵
有依靠
生活共同体
避风港
孝亲敬长
为什么
中华民族
传统美
中国公民
法定义务
如何孝
日常在当下
尊敬
倾听
感恩
亲情之爱
割舍不断的情感
每个家庭
表现形式不同
结构改变
亲情仍在
爱的碰撞
冲突原因
两方面矛盾
期待关爱与呵护
VS
开始
审视
质疑
挑战
权威
经验
影响
处理不好
伤害感情
如何沟通
互动沟通
面对智慧
理解父
指导父母
尝试让父母了解
方法
有效化解
父母做榜样
自己努力
让家更美好
现代家庭变化
结构
规模
观念
沟通手段
变化
家庭氛围
平等
民主
为何有矛盾
价值观
生活方式
怎样建立和谐家庭
亲和方事兴
有效交流沟通
良好的心态
理解
信任
体谅
包容
2018/12/4 李媛梳理

图4.3-3

在这个基础上，再进行语言组织，梳理出最符合题意的三点要求，按要求进行作答。

操作示范二：

在重庆市2018年中考思想品德试题第14题（共6分）中，给出背景材料：

为了发展乡村、实现振兴，某村村委会决定对本村进行以“美丽乡村新画卷”为主题的开发，并给出一张该村正在设计的规划方案图，让学生研究并运用国情国策相关知识，帮其完成。

在规划方案【美丽乡村新画卷】图下明确备注了① 村第一小学；② 乡村博物馆；③ 朝阳幼儿园；④ 居民住宅区；⑤ 人民幸福广场；⑥ 幸福生活超市；⑦ 村卫生室；⑧ 公共移动厕所；⑨ 村委会；⑩ 水泥厂；⑪ 桑葚种植基地；⑫ 丝绸生产基地。

预引入项目：英才幼儿园（新增加） 农民职业技能培训中心 便民图书馆 夕阳红养老院 桑蚕技术研究所“飞毛腿”快递公司 高尔夫球场

请学生们完成规划方案要求是：

（1）请你从预引入项目中为四块预留用地各选择一个项目，并说明选择理由（其中有一项为当地产业方案中必须引进的项目）。

（2）请你找出规划方案中必须撤掉的一项不合理之处，并说明原因。

这道题明显是需要综合运用所学知识的分析说明问题，具有一定开放性，难度较大。但题目要求建设“美丽乡村新画卷”选四块地，所以首先我们可以以此确定思维导图的主题图，简单画出以帮助下一步精准梳理的内容，如图4.3–4所示。

图4.3-4

认真阅读材料中给出的备注信息，从刚才的主题“美丽乡村新画卷”这个主题进一步综合分析提供的12个备注信息，结合教材可能联系到的知识，很容易就联系到中国特色社会主义建设的知识，从中国特色社会主义事业“五位一体”的高度综合考虑，即从经济建设、政治建设、文化建设、社会建设和生态文明建设协调发展的高度进行综合考量，尤其是热点问题“五位一体”的总布局，如图4.3–5所示。

图4.3-5

接下来，借助思维导图把图中的备注信息从经济建设、政治建设、文化建设、社会建设和生态文明建设协调发展进行分类，帮助“四块地项目”进行综合配置。比如，在规划方案中的桑葚种植基地、丝绸生产基地、水泥厂属于经济建设的内容，村委会属于民主政治建设，朝阳幼儿园、村第一小学、乡村博物馆、村卫生室都属于精神文明建设，居民住宅区、人民幸福广场、幸福生活超市、公共移动厕所属于社会建设。水泥厂的建设，会影响到生态文明建设，如图4.3–6所示。

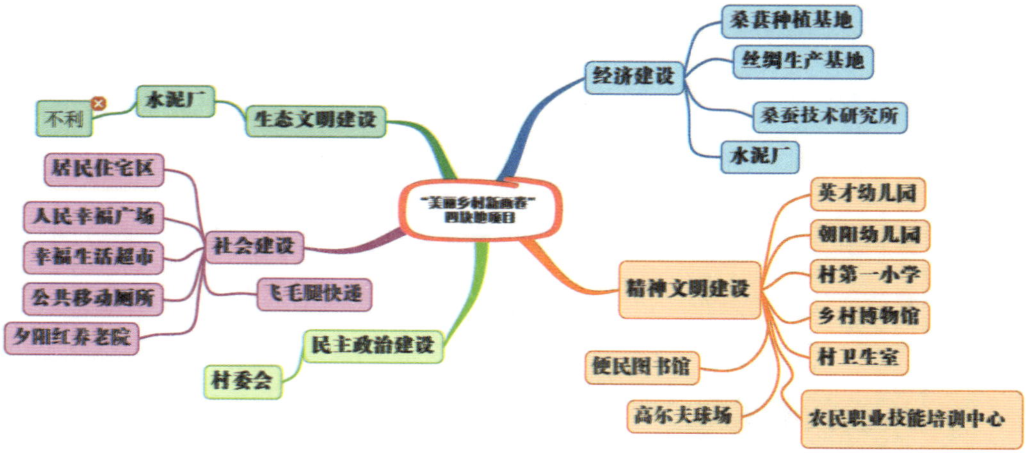

图4.3–6

接着继续分析题目中“美丽乡村新画卷”四块地的综合位置，根据题目要求：有一项为当地产业方案中必须引进的项目。把所有预引进的项目加入思维导图，加上星号进行区别，就可以发现这些项目之间的关系和出题者的意图，如图4.3–7所示。

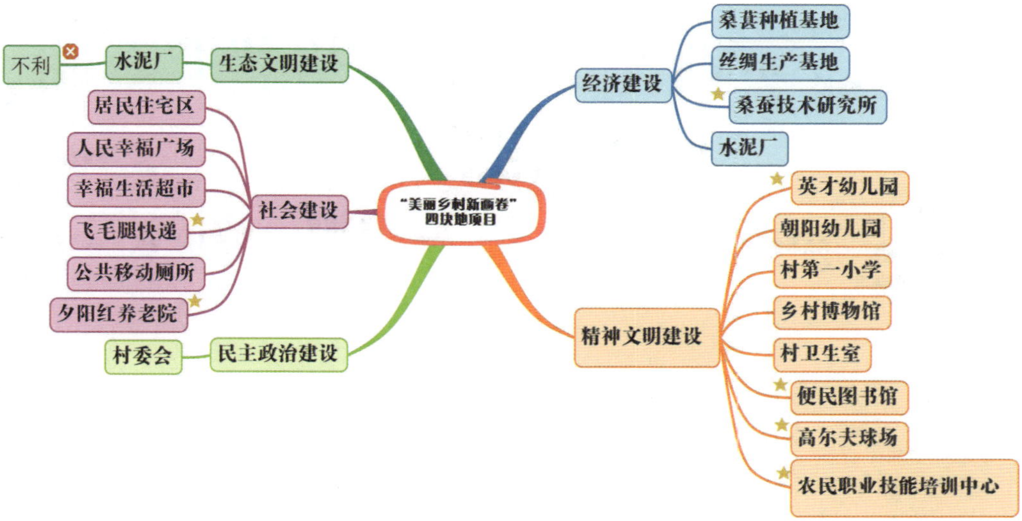

图4.3-7

在对上图进行综合分析的基础上，就可以进行判断和选择了。比如，新项目中有一块地已经选择了“英才幼儿园”，是属于精神文明建设，那就需要剩下三块地在农民职业技能培训中心、便民图书馆、夕阳红养老院、桑蚕技术研究所、“飞毛腿”快递公司中进行优先选择，运用“五位一体”之间的关系进行综合选择，做好平衡，比如选择经济建设方向的桑蚕养殖研究所，再选择社会建设里的“飞毛腿”快递公司，最后也可以在精神文明建设中补充选择农民职业技能培训中心。

接下来就发散性思考，对所学的知识进行联想，结合时政热点和题目需要用思维导图理清思路，尽量全面有针对性地组织语言进行分析说明，如图4.3-8所示。

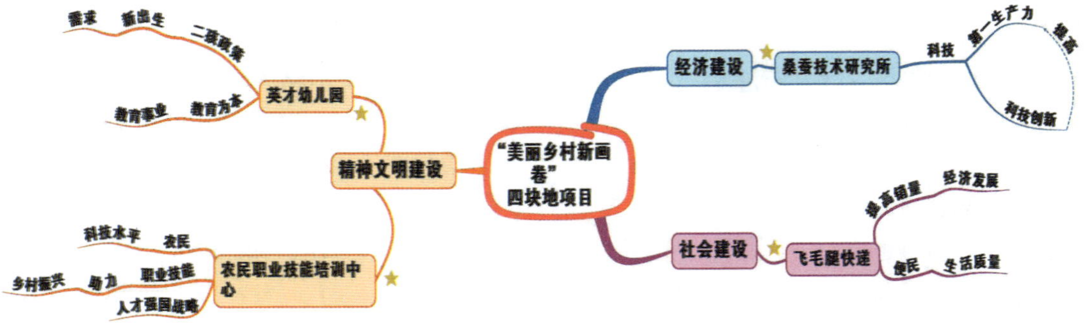

图4.3-8

接下来，组织语言作答：

（1）① 选择桑蚕技术研究所作为经济建设的项目，可以发挥科技作为第一生产力的带动作用，激发科技创新，提高生产力；② 选择“飞毛腿”快递公司可以帮助提高买卖效率，方便民众，提高生活质量，同时促进经济发展；③ 选择农民职业技能培训中心通过培训农民，进一步落实了人才强国战略，提高农民职业技能，发展科技水平，实现乡村振兴；④ 选择英才幼儿园，在开放二胎政策，新生儿增加，幼儿园需求增多，保障求学需求，落实教育为本的政策。

（2）水泥厂需要撤掉。水泥厂的污染比较严重，不利居民的身体健康，不利乡村的生态文明建设。

参考答案如下：

（1）① 选择“英才幼儿园”是因为:我国计划生育政策全面放开二孩政策，村里新出生人口增多，原来一所幼儿园已不能满足求学需要；百年大计，教育为本，增设幼儿园有利于促进该村教育事业的发展；② 选择

“农民职业技能培训中心是因为：能提高农民科学技术水平，提高职业技能，助力乡村振兴，落实人才强国战略；③ 选择“便民图书馆”是因为：有利于提高居民的综合索质，以人为本，提高村民素质；④ 选择“夕阳红养老院”是为提升人民幸福感、获得感，体现以人为本或以人民为中心的发展理念；⑤ 选择“桑蚕养殖研究所”是因为：科学技术是第一生产力，坚持科技创新，有利于提高当地生产力水平；⑥ 选择“飞毛腿”快递公司是因为：利用快捷的渠道提高当地产品的销售量，促进该村经济发展。

（2）必须撤掉的不合理之处：水泥厂。理由：水泥厂靠近居民住宅区，污染环境严重，不利居民的身体健康；违背习近平新时代中国特色社会主义思想以人民为中心的理念，没有坚持以人为本原则。

可见，教师用思维导图在引导学生解题过程中，画的思维导图不需要太多强调图像，因为主要是利用思维导图理清题目内部各种知识点之间的联系，把解题中复杂的分析和练习知识点等这些思维过程形象化、具体化，可以更直观地让学生看到分析和解决题目中的“思维过程”，而不是进行简单的答案分析，正所谓“最不会学习的人只知道看答案，唯有真正的学习高手才知道研究思考过程”[①]。

思维工具箱

1. 教师可以让学生先尝试着梳理一次，小组讨论补充，让学生来讲，

① 李晓鹏《中学生思维导图学习法》。

增强互动和更好观察学生在思维过程中出现的问题。

2. 你可以用板书的方式或者用平板上的思维导图软件同频的方式同步记录分析和解题的过程。

3. 你可以用本书第1章提到的方式提前录好这个过程，直接上课进行演示，提高课堂效率。

第5章

综合能力课

LESSON OF COMPREHENSIVE CAPACITY

5.1 计划与复盘

在教学中，能够主动制订学习计划的学生，都不会太差，而能够进行自我复盘的学生，一定可以学得非常好。

计划和复盘，是一个有意识地进行自我管理的过程。大部分学校并没有教过学生们如何进行简单的自我管理，比如如何做计划和复盘，用什么样的工具进行系统管理等。因而对学生而言，大部分学生是没有意识去主动对自己的学习进行计划和复盘，教师则需要帮助他们建立起这个主动进行自我管理的过程，逐渐构建起计划和复盘的思维习惯，为学生的成长助力。

在思维大师爱德华·德博诺看来，从思维训练的角度，教师需要把计划作为一种思考的形式，让它把目标、后果以及包含的因素和对想法的处理连接起来。

在这里，我用“复盘”而不用“总结”，正是在于从思维训练角度看，复盘是将总结包含在内的，是“一种结构化的从经验中进行学习的方法”。

在进行计划和复盘时，借助思维导图这个思维支架，可以非常容易制定出自己的长期目标、短期目标、近期目标等，甚至可以发挥思维导图的图像的功能，标识出紧急任务，具体直观且不容易遗漏，甚至还可以融入核心思维工具里的目标分析法、优先分析法、结果分析法、因素分析法等，通过把计划和复盘可视化、流程化、系统化，构建起自己的计划和复盘的常态化模式，用思维导图引导学生做计划和复盘，“能激发学生从现在开始思考自身，思考自己的思维、自己的行为和自己的自我发展，并且一直持续思考下去，进一步改变自己的行为”①，一步步帮助学生系统化地检视自我，养成成长型思维。当然，教师也最好亲身实践和示范，并平衡好自己的工作和生活。

在学科学习中，教师还可以引导学生用思维导图对学习内容进行计划和复盘，尤其是在有复杂学习任务情况下，时间紧张，为了避免学习目标不清晰，学校节奏混乱导致的学习压力过大，学习效果不理想，可以借助思维导图帮助厘清目标，提高学习效果。

准备材料

纸，彩笔。

操作说明

1. 让学生借助圆圈图发散自己需要完成的事项。

① 东尼·博赞《记忆导图》。

2. 对事项进行分类和重要度区分。

3. 用思维导图制订最终计划，保存。

4. 对上述计划的执行效果进行复盘。

实操参考

第一个版本：创新圆圈图版本

这个版本是在圆圈图的基础上创造性地多加了一个圈，可以写下可用的时间，然后根据时间对事项进行综合分析，帮助进行分类或者把任务事项拆解成碎片时间，为下一步用思维导图作出具体计划做准备，如图5.1–1、图5.1–2所示（图5.1–1是圆圈图创新版，图5.1–2是思维导图一周版）。

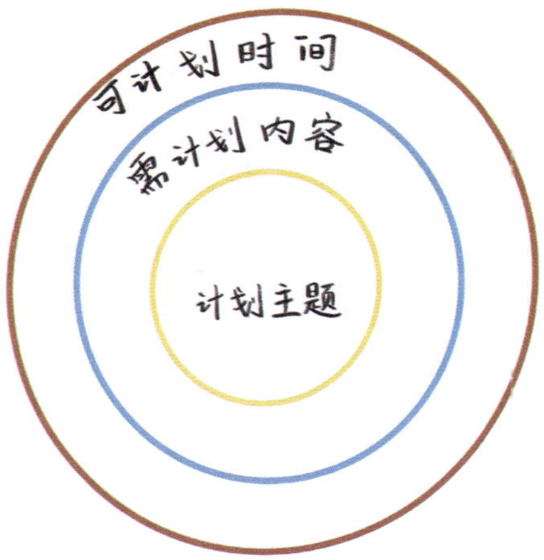

图5.1–1

图5.1-2

具体操作步骤：

第一步：确定主题。教师需要让同学们在一张A4纸中心画出圆圈图，在中间（黄圈内）选择自己需要的计划的主题。主题可以是“第三阶段复习”“机器人制作”“艺术节编舞”，也可以是常规的“周计划”。

第二步：对内容进行思维激发。让同学们在蓝色区域写出需要计划的内容，提醒同学们常规课表内学校课堂任务不需要写出来。在对内容进行思维激发时，核心要求具体化、可量化和平衡化。

以章明同学的周计划举例，在蓝色区域写上：复习外语30个单词，数学单元错题集，奥数第三板块，语文《骆驼祥子》读书笔记，政治单元脑图，与父母爬山采风，与小文去图书馆。

第三步：对时间进行思维激发。在蓝色圈外再加上一个红色的圈，在红色圈里写下自己可用的时间。提醒同学们，只要大于25分钟（一个番茄钟）就可以记录下来，时间选择保持弹性，建议周日下午不做大安排，留出时间来复盘。

章明同学在红色部分写上：每天中午1.5小时，周二→周四下午的3、4节各40分钟，每晚睡前30分钟；周五晚8:00–9:00，周六上午8:00–11:00，周六晚7:00–9:00，周日上午8:00–11:00。

按照上述三步做出来的周计划记录如图5.1–3所示。

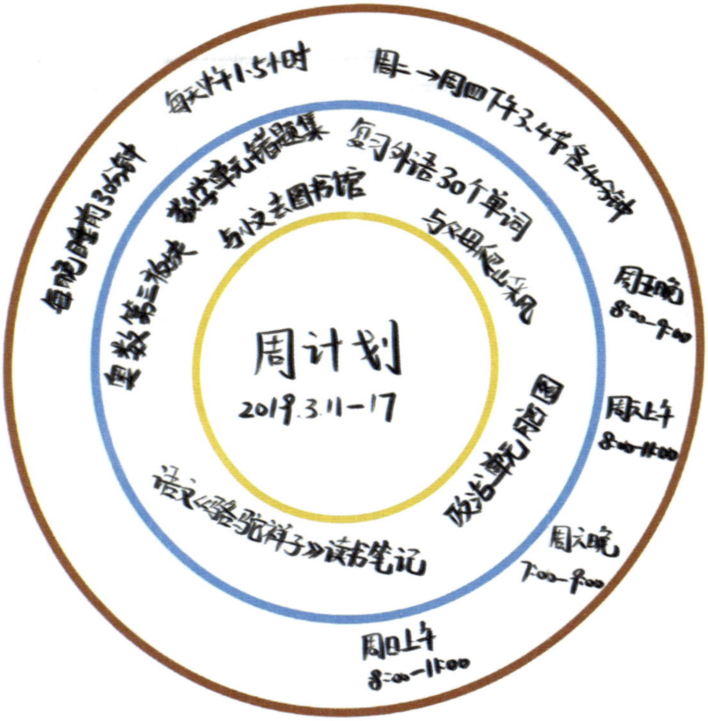

图5.1–3

接下来，借助思维导图进行思维整理。这时，需要在创新圆圈图的基础上进行综合分析，个别复杂任务还需要进行拆解，然后发挥思维导图的整合功能，用思维导图进行整理和记录。

鉴于做计划本质是一种自我管理，每位同学有不同的自身情况，提醒同学们对自身认识越深刻，做的计划才会更合理可行。用思维导图做计划，可以根据自己的不同时间段的状态“自定义”适合自己的任务和强度，保证效率。

前面的思维导图周计划模板有7个主分支，对应一周7天。每个分支有3个二级分支，是为了把每天的安排落实到每一天的早上、下午和晚上这些具体时段，既可以流程化，也可以简化安排。某一个时段如果没办法安排，可以划掉或者空着。

对我个人而言，我会在这个时段找出至少10分钟做一个小任务，可能这个任务并不一定在周计划内，但是充分多元地利用了时间。

章明同学将自己的周计划与在校时间和喜欢偏好相结合。例如，早上的时间用来记东西，下午的自习时间做题练习，晚上的睡前时间阅读和整理，然后把自己的任务采取“先放大石头，再放小石头”进行拆解，用思维导图进行整理、记录，做出的思维导图版计划如图5.1–4所示。

图5.1-4

制订出来的思维导图计划，可以放在醒目的位置，让自己每天的学习借着这枚“指南针”，明确目标，行动高效。

第二个版本：四象限法版本

根据史蒂芬·柯维的《高效能人士的七个习惯》的自我管理原则——要事第一。教师在引导学生用思维导图做计划时，可以用要事第一的思维方式，让学生成为“高效能学生”，养成要事第一的好习惯。

参照柯维在《高效能人士的七个习惯》里提供的时间管理矩阵，我用思维导图将其改造成四象限法。四象限法同上面第一个版本的创新圆圈图版本不同，它不是要把每件事直接安排到时间表上，而是当学习任务总量增加或者明显感觉时间不够用的情况发生时，学生应该思考的不是简单地把事情一个个安排到某个时间，而是应该思考每件事的重要性和紧急性这两个角度，合理安排学习精力。

例如，期末考试这样的总复习阶段，可以采取四象限法这一有效应对大量事务的思考方法。四象限法也就是将我们要做的事情按照它的紧急程度和重要程度划分为四种类型，用二维坐标体系来定位，正好位于4个不同的象限。如图5.1–5所示。

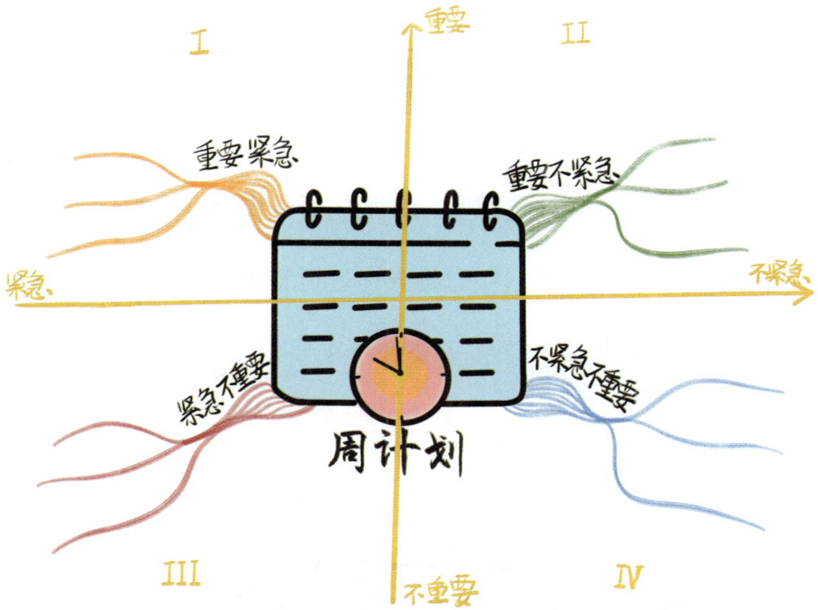

图5.1–5

在用思维导图引导学生做计划时，需要把柯维先生的时间管理矩阵背后的思想告知学生，如果时间安排过多在第一象限“重要紧急”，会导致压力过大，筋疲力尽，忙于收拾残局；如果把时间过多安排在第三、第四象限，易导致急功近利，轻视自我的目标和计划，缺乏自制力，人际关系肤浅等。

主动的学习者尤其需要重视第二象限，也就是关于重要不紧急的事情的管理，让自己的成长拥有愿景、远见、平衡、自律，慢慢减少紧急事情发生的概率。

例如，复习这种事情，如果放在每一周，对于有些同学看起来是不重要也不紧急，到了考试前变得重要又紧急。如果把每周的复习当作一个重要不紧急的事情来安排时，到了考前，可能压力就不会那么大，问题也不会那么多，学习效果就会更好，学习者就可以更主动高效。

在用这种方法做计划的过程中，教师主要是提醒学生根据自己的具体情况，把事项进行分类，然后用思维导图进行整理记录。当然，前面的四象限法还可以同样用思维导图将重要和不重要作为核心分类指标做变式，如图5.1–6所示。

图5.1–6

在不同的阶段背景下，不同情况的学生同样是复习30个英语单词，重新用思维导图做出的计划也会不同。

例如，同样是章明同学，如果近期马上要去参加奥数比赛，可能他的计划就会变成图5.1-7。

图5.1-7

无论用上述哪种方式制订了思维导图的计划，都相当有了目标。经过学生的执行，最终都需要通过复盘来检视整个过程，才能把整个过程画上了句号，让下一次的计划从规划到执行各方面有更大的提升。

关于复盘，下面有几种很好用的方法：

第一种：直接在图上进行记录。思维导图做出的计划已经视觉化和系统化地呈现了，学生可以在这张思维导图上直接进行打钩、打分、记录具体时长等方式进行图像标注。

例如，在章明同学制定的思维导图版计划里，就是用黄色笔打钩和记录任务拆分的几个阶段。明显可以看出来，经过将任务拆分，章明完成了这周的计划内任务。

第二种：如果思维导图上有多余空间，可以在思维导图上多画一个分支，或者单独在图中的空白位置写出自己的复盘内容，如图5.1–8所示。

图5.1–8

第三种：可以用迷你思维导图，也就是在思维导图的空白处或者用便利贴等，做一张小的思维导图进行复盘。刚开始，可以借助一些思维模型给自己的计划复盘提供思路，复盘常规思路“回顾目标—评估结果—分析原因—总结经验”。回顾目标，可以从初衷和规划来思考；评估结果，可以从实际结果和如何更好的方向去思考；分析原因，可以从寻找根本原因或应用倒退法去分析；总结经验，可以从自己学到了什么，他人的经验，接下来自己准备怎么做，以及多问自己几个“为什么”等来进行总结，如图5.1–9所示。

图5.1–9

思维工具箱

1. 教师在阶段性复习时，可以给出阶段性复习的思维导图版计划，让所有学生在了解的基础上，根据自己的情况制订计划，并督促同学们定期复盘。

2. 在阶段性复习前后，可以请同学来分享自己的计划，让其他同学有所参照，更好地彼此激励，完成集体的共同目标。

3. 用思维导图做计划和复盘，非常适合在做一个活动或者进行项目式学习时，小组同学进行集体制订，这不仅可以激发集体共同构建愿景，还可以保障活动或者项目更好执行，而且能在活动或者项目结束时，及时通过复盘获得更多宝贵的经验，用成长型思维进行发展。

5.2 反 馈

在教学中，除了通过做题、考试、回答问题和问卷，还有怎样的方式可以帮助我们从学生这里获得反馈呢?

我们有很多场景需要从学生这里主动获得反馈，以实现教学相长。例如，学生们认为考前最头疼的问题；青春期，学生们最关注什么；对于一个拓展活动，学生有什么收获和建议……思维导图不仅是思考工具，也是沟通工具。在教学中，当需要去收集反馈时，教师可以借助思维导图搭建起桥梁，让学生进行平等的反馈意见，教师作为倾听者，选择同步记录，也可以作为引导者，给学生的反馈提供一定的方向，保证学生在自由反馈的基础上，实现反馈的有效性。

准备材料

思维导图（打印版）或纸，笔。

操作说明

思维激发版

1. 给出主题。

2. 有目标地进行提问并同步记录。

3. 进行展示。

思维整理版

1. 给出思维导图打印版提纲。

2. 学生填写。

3. 最后统计和分析。

实操参考

思维激发版：

同学们，还有一周我们就要进行这个阶段的考试了，老师想给3分钟时间，我请大家吐槽咱们学科“考试的痛点”，请大家举手发言，一人说一个，有同样问题的同学就可以举手。

同学A：“我不会将大题转化为书上的问题。”

同学们举手……

同学B：“我不会勾问题的关键词。”

同学们举手……

同学C：“我不知道如何结合材料做题。”

同学们举手……

同学D：“我答大题把握不住重点。”

同学们举手……

同学E：“我还是不清楚漫画题怎么做。”

同学们举手……

同学F：“我考试时间总是不够用。”

同学们举手……

同学G：“我还是不会加材料的分析说明题。”

同学们举手……

同学H：“我总是做不好组合型选择题。”

同学们举手……

在同学们发言的过程中，我不进行任何评价，主要是进行同步记录和观察每个问题有多少同学会举手，同步做出的思维导图如图5.2–1所示。

图5.2–1

在这个基础上，我问学生："这些写出来的问题，是什么原因导致的？"同样，我请学生们来做"诊治官"，然后又对学生们分析出的原因进行记录，如图5.2–2所示。

图5.2–2

最后，我给出几分钟，让小组讨论，总结出有效对策，开出"治疗方案"，减轻考试的"痛苦"。小组分享时，我也进行记录，如图5.2–3所示。

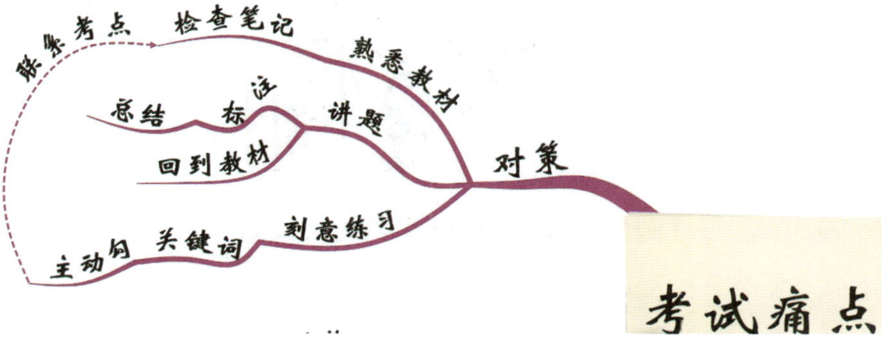

图5.2–3

在这样的反馈过程中，我一改教师的说教风格，借助思维导图可视化的功能，引导学生进行自由反馈和解决问题。学生也发现，原来他们自已一直都具备解决问题的能力，树立起了主动解决自己问题的信心。

思维整理版：

有些问题反馈，学生需要教师给出方向，同时需要有自己的发挥空间。这样的反馈，教师就可以制定思维导图版大纲，打印出来，让学生来完成内容，学生不仅不会讨厌这样的调查反馈，还会更加认真去思考，更充分地反映内心真实的想法，实现良好的反馈效果。

例如，在思维导图课快结束时，我给每位学生发了一份思维导图版调查问卷，让同学们进行反馈，如图5.2-4所示。

图5.2-4

根据不同的学情，教师可以通过不同的设置方式和不同的内容选择，让反馈变成一件有趣、有价值的事情，学生们一定会更用心、更认真对待和反馈。

思维工具箱

1. 在借助思维导图进行反馈调查时，如果教师想收获更多有价值的点子，可以进行团队共创反馈，从而提高反馈质量。

2. 反馈除了在师生之间使用，也可以在学生之间使用，甚至学生也可以用于探究性调查，这将大大降低问卷调查的难度和趣味性，而且各种学龄的学生都可以轻松上手。

3. 教师也可以只给出主题，展现更大的开放性，让学生自行设计所有内容。越开放性的设计，越能真实反映学生内心的想法。

5.3 自我教育

苏霍姆林斯基在《教师的建议》中说："我深信，只有激发学生去进行自我教育的教育，才是真正的教育。"自我教育是指人通过认识自己、要求自己、调控自己和评价自己，自己教育自己。

回顾人类历史，所有取得重大成就的人，无不是具有高度发展的自我教育的意识和能力。但是不同年龄的自我教育目标不同，比如幼儿的自我教育是做好孩子，小学生的自我教育是有好行为，初中生的自我教育是有好品质，高中生的自我教育是有好人生。

思维导图作为一种思维工具，能够有效影响抽象思维活动，提高思维的效能，延伸思维的深度，能把抽象思维过程具体化和可视化。孩子们的大脑都喜欢看图，乐于在图中认识事物和他们之间的关系，也喜欢画图，来表达自己的思考和想法，而且思维导图简单易学，又可以和多学科融合使用。

《真正的教育是自我教育》一书提到了培养孩子自我教育的策略，"给孩子一个空间，让他自己往前走；给孩子一个时间，让他自己去安排；给孩子一个问题，让他自己去找答案；给孩子一个冲突，让他自己去讨论；给孩子一个题目，让他自己去创造”[①]等。

一般来说，学生不会主动进行自我教育，教师可以借用思维导图做“引子”，叠加核心思考工具后去辅助道德教育、促进智育。比如，通过课堂教学，借助思维工具，让学生看到自己的思考路径；给学生一个问题，用思维导图去进行换位分析，思考教师、家长、社会的不同要求，发现其联系，学生自己找到答案；给孩子一个冲突，用思维导图去叠加核心思维工具里的三维分析，去分析一个事情的利、弊和启发，学生个人或者小组进行分析，得到结论，内化核心价值观，使学生逐渐能够把教师、家长、社会的客观要求与影响自觉地内化成自我要求、自我需要，去达成自我实现。

准备材料

纸，笔。

操作说明

1. 对相关主题进行基本引导。

2. 给学生空间、时间，借用思维导图去进行自我分析，去寻找答案。

3. 在小组分享或全班分享中碰撞出火花，进行修正和总结，达成共识。

① 冉乃彦《真正的教育是自我教育》。

实操参考

自我教育是由四个环节组成的动态结构：自我认识、自我要求、自我践行、自我评价。在这个过程中，我们需要通过自我认识培养自信的品质，通过自我要求培养自强的品质，通过自我践行培养自立的品质，通过自我评价培养自尊的品质。[①]

参考一：

正确认识自己，对每一个学生而言是正确的自我教育的起点。一个人怎样认识自己，就会怎样要求自己，就会按自己认定的角色去生活，但正确认识自己并不容易，而且自我认识的内容也非常广泛。学生很多时候的学习问题背后都有自我认识的问题，借助思维导图去梳理认识自己，不仅可以帮助学生在画图过程中觉察自己的现状和对自己的期待，还可以借助思维导图呈现自己的潜意识，实现真实地与自我对话，教师再在此基础上引导学生正确认识自己、理解自己、分享自己，最终解决问题。

比如，教师可以借助思维导图进行自我介绍，思维导图做《我喜欢》《我是谁》《我和未来的我》等主题，用思维导图来认识自己，不仅可以激发学生认识自己的兴趣，还可以进行自我梳理，打开进一步探究的可能。教师在一个主题前可以根据学生的情况选择性地给一些范例或者思维方向，帮助学生打开思路，保证借助思维导图进行自我认识的有效性。

比如关于《我是谁》，我在借助教材正确认识自我的内容：一方面要

---

① 冉乃彦《真正的教育是自我教育》。

进行自我认识，比如从生理、心理、社会关系等方面认识自己，另一方面还要重视他人的意见，在这个基础上设计一个思维导图做自我画像的活动。

第一步：主题图我先画个圆。让同学们可以在这个基础上观察自己典型特征，在下面这个圆上进行创作，如图5.3-1所示。

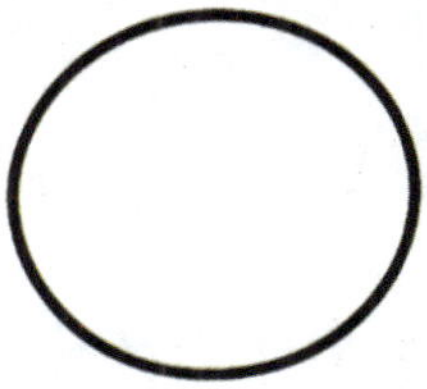

图5.3-1

第二步：给出几个图片示范，帮助学生打开思路，如图5.3-2所示。

图5.3-2

第三步：用思维导图激发学生进行对自我更多认识的角度，可以做个“大家眼中的我”，从自己眼中的“我”作为起点，从自己角度，记住教材提醒的生理、心理特征、人际关系以及自己的爱好等进行梳理；然后进行换位分析，想想父母眼中的“我”是怎样的印象，还可以分别发散出妈妈和爸爸甚至弟弟等细分支；接着换到学校场景，老师眼中的“我”，同学眼中的“我”等，如图5.3-3所示。

图5.3-3

在做思维导图过程中，学生借助思维导图这个思维工具，对自己进行多维的分析，在各个不同对象的“我”的梳理中找到联系，进一步认识真正的自己，从而对自己有了更全面的认识。在小组分享或全班分享后，还可以加上更多丰富的活动，比如小组活动：在各自的图上进行补充，再找一个优点等，思维导图作为桥梁，产生自我对话，作为与同学、父母等之间进一步沟通的工具。

参考二：

通过思维导图，我们还可以融合核心思维工具，辅助实现自我教育里的自我要求。无论是在学校还是在家里，手机的管理与使用是一个学生比较关注的话题，学生手机使用和管理不当，会影响学生的学习。教师可以借用核心思维工具里的三维分析法分析“中学生带手机上学”的有利因素、不利因素和创意点，在这个梳理的过程中，借助图示，清晰地对比出在校使用手机的利弊以及总结出自己的想法，也就是创意点，如图5.3-4所示。

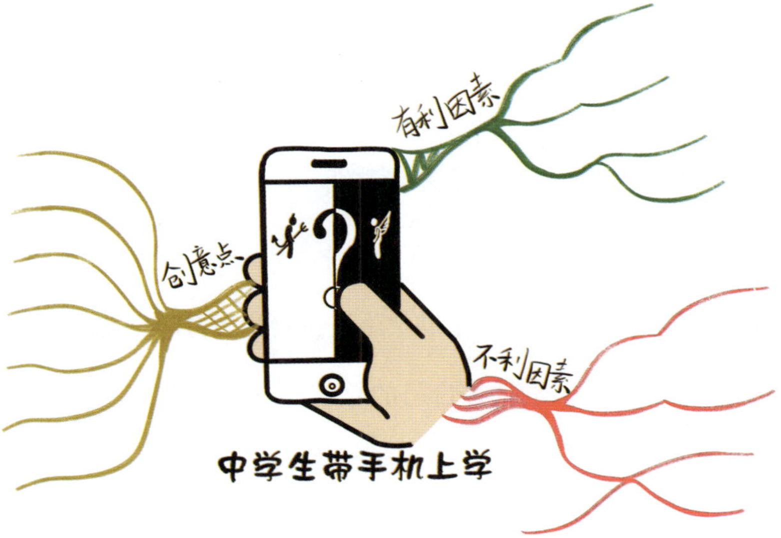

图5.3-4

同样，关于青春期叛逆问题、学习态度问题、学习习惯问题、自我约束问题等都可以借用类似的方式，让学生实现理性分析，不仅让德育“润物无声”，还可以促进智育，让学生在整理思维的过程中，进行归纳，联系自己所学知识，进行延伸应用。

思维工具箱

1. 教师在使用思维导图辅助学生进行自我教育时，根据需求可以不完全局限作品的美观，重点在于思路梳理和启发，但图像的使用可以暴露孩子内心的想法，在不局限的同时可以提倡多多用图。

2. 教师在使用思维导图辅助学生进行自我教育时，可以融合教育心理学的团体活动，可以用教练的方式进行启发式提问，从而产生更大的教育应用价值。

3. 低年级的学生还可以用卡片和贴纸，让他们选择性地贴上去，甚至还可以加以排序等进行总结。

4. 每一次在使用思维导图辅助学生进行自我教育时，都可以加一个分支或者迷你思维导图，也就是自己的总结、实践方案，促进深入思考和新行为的产生。

5.4 加强记忆

不少教师想使用思维导图，主要是为了帮助学生去记忆知识，提升教学效果。

在教学中，用思维导图的确可以既有趣又有效地帮助学生记忆。博赞先生多次在他的著作中提到，他发明思维导图是将它作为一项记忆工具。他在《记忆导图》里明确指出："思维导图是现今最有效的思维组织和记忆的工具，它将流程、联想和想象融入结构，利用了图像、颜色、编码等不断重复着关键信息，最后这些信息自然而然联系在一起，让作图者可以眼脑直映看到全貌，进行整体学习和记忆。"①

记忆的驱动因素有什么呢？

《记忆导图》里通过实验证实了首因、近因、想象、联想和格式塔都可以大大地提高人们对事物的记忆水平。教师使用思维导图时，可以通过图像、颜色来调动学生的感官。学生看到一幅思维导图，就会有非常好的"第一印象"，这为学生对知识的记忆提供了即时的、积极的首因。

---

① 东尼·博赞《记忆导图》。

同时，使用思维导图所应用的颜色、线条包含着格式塔、冯·雷斯托夫效应和联想，这也是非常好的近因。

另外，学生在绘制思维导图过程中，促使大脑集中精力，学生通过专注提升了对内容的记忆。《记忆导图》深刻揭示了在教学过程中，教师可以将一节课的设计甚至一个阶段的教学设计用思维导图来强化记忆。

此外，还有很多学习、认知领域的理论有助于教师更好地使用思维导图以加强记忆。尤其是奥苏贝尔（Ausubel）提出的意义学习理论，佩维奥（Paivio）提出的双重编码理论，约翰·斯威勒（John Sweller）提出的认知负荷理论，以及杰弗里·卡皮克（Jeffrey D. Karpicke）提出的记忆理论。

奥苏贝尔认为，学生的学习，如果要有价值的话，则应该尽可能地有意义，而影响学习最重要的因素是学生已知的内容，弄清了这一点后，教师才能进行相应的教学。因而，教师在使用思维导图辅助知识的记忆时，不能是让学生机械记忆知识，而应该是学生能够组建知识结构，在具有良好的知识组织结构后，有将新知识与已有知识结合的情感倾向，才能带来更多创造性成果。[①]具体到思维导图的功能里，尤其需要教师引导学生通过线条和结构来进行组织知识，帮助学生加强意义学习，辅助记忆。

佩维奥提出的双重编码理论，强调人的认知是由两套编码组成，分别为言语编码和非言语编码，而且就编码类型而言，非言语性编码（图画、拟声）的自由回忆效果比较好，而言语性编码（文本、声音）的顺序回

① 赵国庆《别说你懂思维导图》。

忆效果比较好。[①]教师在使用思维导图辅助记忆时，需要用全脑思考打开认知的言语编码和非言语编码通道，同时借助思维导图强调的图像元素，为关键词这种基于言语编码的理解提供良好的辅助和补充，这样“一图胜千言”的方式可以提高兴趣，帮助记忆。

约翰·斯威勒提出的认知负荷理论认为，当工作记忆的负荷最小并最有利于促进工作记忆向长时记忆转化时，学习最为高效。也就是人的工作记忆容量非常有限，只能同时存储7±2两个组块。[②]在绘制思维导图时，通过连线、分类把知识进行组合，将知识实现“组块化”，在这个过程中，实现了对知识的“意义组块”，在绘制中，要求使用关键词，而非句子，也是在降低认知负荷。

此外，思维导图的主、次分支最多不超过9个，过多的分支不利于记忆和阅读。教师在使用思维导图时，尤其需要注重认知思路的建构，学生会更容易把看似零散的知识串联起来，形成链，形成网，形成体系，将零散的知识组成更大的“知识组块”，增大记忆组块的容量，延长记忆保持时间，降低学习难度。

杰弗里·卡皮克通过实践证明，重复学习对延迟的回忆（一周后）没有效果，但提取对巩固学习具有非常重要的促进作用。[③]思维导图的绘制过程，也就是知识可视化的过程，这自然比普通的文本阅读和理解包含

---

① 赵国庆《别说你懂思维导图》。
② 同注①。
③ 同注①。

了更多的提取。思维导图要对记忆更好起作用，教师应该更多有效地刺激学生“提取”，更多地进行“提取练习”，而不是一遍一遍地研读书本。

总之，用思维导图加强记忆需要教师深刻地了解思维导图的关键词、颜色、图像、线条的使用原理，采取合适的教学活动和方式进行组织，坚信“用比不用好、画比看好、填充比画和看好、改比看和画好、坚持用比偶尔用好”①，切忌对学生神化思维导图的记忆效果，多注重思维锻炼和有意义的学习。

除此之外，教师在使用思维导图帮助学生记忆时，还需要综合参照其他很多相关认知学习领域的理论，如学习金字塔理论、艾宾浩斯记忆曲线理论等来组织教学。教师的操作练习，可以从平时一节课进行。例如，每节课借助思维导图板书进行知识复习，在这个过程中，一定要使用颜色和图像，或者直接让学生来参与；可以在引导学生画完一张思维导图或看完一张思维导图后，尝试“闭眼3分钟”，进行信息检视，强化记忆；也可以加入更多有趣的活动，比如借助思维导图填空，进行互相讲解等。

教师不能认为记忆仅仅是一种结果，记忆是一个过程。在使用思维导图加强学生记忆时，不仅要把握思维导图本身具备加强记忆的作用，还需要把握学习后的回忆曲线，也就是艾宾浩斯记忆曲线理论，两者强强结合，才能大大提升学生的长期记忆能力。如果能够帮助学生在正确的时间节点进行回顾，学生原本下降的短期记忆将会上升，学生会记住更多。

① 赵国庆《别说你懂思维导图》。

通常，需要回顾或者重复至少5次才能将知识永久转入长期记忆，这就意味我们需要通过用不同的教学方式，引导学生对已经学习的内容进行定期回顾。理论上，学生应该在五个重要时间点回顾和重复已经学习的内容：在学习发生不久后——1天后——1周后——1个月后——3~6个月后。

根据以上这些理论，在教学中，我通常会结合学生不同阶段的认知水平和思维导图的技能掌握程度，以及学校的课时情况进行系统使用。除了激发本身思维导图辅助记忆的功能，根据课时和每个学期的学习阶段，结合艾宾浩斯记忆曲线理论设计不同的使用方式，进行不同时间点的巩固。通常我会分为五个节点：在每周两节课上及时复习、每周一节的晚自习、每单元的知识复习、阶段复习考前、学期知识系统复习。在不同节点，根据时间和需求进行针对性设计，用不同的方式进行组织，进行知识内化，强化记忆。

准备材料

纸，彩笔。

操作说明

1. 每节课教师同步板书知识框架，用板书总结。

2. 学生上课同步记录思维导图板书，每组认领单元知识总结任务，在晚自习每组3分钟展示，其他组“找茬儿”。

3. 注重知识与练习的联系，进行不同题型练习巩固。

4. 每单元知识自己画思维导图。

5. 学期思维导图总结和练习。

实操参考

第一个节点：每周新授课

我的一节课40分钟，这个环节就相当在学习发生不久后，进行及时回顾和重复。

每节课讲新课前，和学生一起简单联想本课主题的图像，产生集体印象，并画在板书上，一方面激起学生兴趣，另一方面加强对每节课新主题知识的记忆。

然后，引导学生根据自主学习的问题进行分析，提取关键词，理出我们需要画几个主分支，主分支的颜色是什么，每个主分支上主题词是什么，每个主分支分为哪些角度展开……让学生也同步记录在教材上，自己填充具体指示。

最后，在下课前借助思维导图版板书进行快速总结复习。这参考的是《记忆导图》的相关原理，在课堂上使用思维导图的图像、颜色，调动学生的感官，这样学生看到一幅思维导图，就会有一个非常好的“第一印象”，就为学生对知识的记忆提供了即时的、积极的首因。同时，在课堂结束后进行及时总结，也是一个非常好的近因。

第二个节点：每周晚自习预习和复习

按照我们学校的安排，通常一周一个班有一节晚自习，基本上都是在两节课之前、之间、之后一天左右，抓住这个时间进行预习和复习，相当于把握“一天后”这个时间进行回顾和复习。

在每周晚自习时，在其他环节之外，有两个最基本的环节。第一个是同学们会有定时的快速预习。预习也在一定程度上进行相关的第一次简单记忆，有助每节课上的高效学习。第二个是晚上知识通关环节，也就是每周有两个组的同学借助思维导图进行知识陈述，其他组进行“找茬儿”，金字塔学习原理认为“教授给他人”学习内容的平均留存率可以达到90%以上。

第三个节点：进行课题知识小结和练习

按照我们学科的课时安排，通常一课知识有2~3个框题，一周两节课，因此结束一课题知识后进行复习也就是一周后，这个时间点进行知识复习和练习以及一步巩固，就等于把握“一周后”这个时间进行回顾和复习。

一课结束后，我会根据情况选择在晚自习，或者课上针对学生的学习情况，精选典型习题进行练习和巩固，并引导同学们在课上记录的思维导图提纲基础上进行讲题，又或者用思维导图来拆解一道典型题，归纳思路，然后进行“关联题训练”，实现“一题多变”。[①]这是综合奥苏贝尔（Ausubel）的意义学习理论和杰弗里·卡皮克的记忆理论，一方面要让学生建立起

① 张鹏生《初中教学思维导图》。

新旧知识的联系，建立起教材知识与实践应用的联系，题与题的联系；另一方面借助精选习题，不以增加学生做题量为方向，而是在习题中“一题多练”“一题多变”，实现有效提取练习过程，促进知识回忆，巩固记忆。

第四个节点：每单元知识学生画思维导图总结

通常，一个单元结束，要一个月左右。学生们会进行单元自主知识梳理，把一单元的知识用思维导图进行整理，在学生们整理的基础上，我再给出参考版本，让学生保存。这个时间点对知识进行系统复习，相当把握了“一月后”这个时间进行记忆。

我不推荐教师在学生还没有用思维导图梳理过单元知识时就直接把网上下载的或老师自己梳理的思维导图直接给学生进行复习，因为，学生缺少主动的知识构建过程，处于被动学习状态，记忆效果不太好，大脑会习惯依赖性获得。

教师在日常教学中，在实现每一堂课进行思维导图板书的基础上，让学生进行主动构建单元知识是很好完成的，这个过程不仅仅是通过知识复习实现“知识组块”，更是思维从无序化到有序化，主动实现知识系统化构建的过程，可以很好地锻炼学生的思维能力和思维质量。

当然，这张图由于是学生自己做的，就算有知识问题，但对学生来说，也是“有意义”（Effect of Meaning）的。“有意义”不仅可以帮助记忆，还可以帮助学生真正认识到学习背后的意义。[①]在学生进行思维导图单元整

① 东尼·博赞《记忆导图》。

理基础上，教师再给出自己的思维导图，学生不仅可以发现自己知识梳理中的问题，还可以通过“复述”“互相找茬儿”“示范演示”等方式进行多元活动，增加课堂趣味，也就是发挥冯·雷斯托夫效应，加强学生的印象，增强记忆。

讲解单元练习，讲题，会借助这张思维导图，让学生对应到“知识版图”上相应知识的“具体地标”，打通知识与应用的练习。

第五个节点：学期整本书思维导图总结和练习

通常一学期是4~5个月，每学期的学期复习，会在每单元思维导图复习基础上对整本书内容进行梳理，并做成一张思维导图“把书读薄”，进行相关的综合练习。这相当于把握住“3~6个月后”这个时间节点进行记忆。

在这个过程中，借助思维导图，把知识点从单元版思维导图这个面入手，搭建起一个“知识晶体”，制作整本书的思维导图，实现更核心、更直观、更紧密的知识建构。这个过程需要学生更强的逻辑分析能力，更好地去芜存菁的能力，更有深度的知识理解和整合能力。教师同样也需要给出参考版思维导图，进行复习重点和方向引导，再通过典型题进行深度应用，加强理解和记忆。

通过教师综合把握五个重要时间点：在学习发生不久后——1天后——1周后——1个月后——3~6个月后进行不同方式的、由浅入深的、由局部到整体的回顾和重复已经学习的内容。这样，学生就在教师的系统设计中合理借用思维导图，主动实现循序渐进的知识建构，一图多用，在课堂教学中自然而然地主动实现了知识系统的记忆和巩固，提高了学习的效率，提升了思维的质量，获得了更好的学习效果。

我用思维导图制造一个近因效应，帮助你能够对本节产生更好地“记忆”。我用一张思维导图，概括我在教学中将思维导图融于教学中辅助记忆的这五个时间节点，如图5.4-1所示。

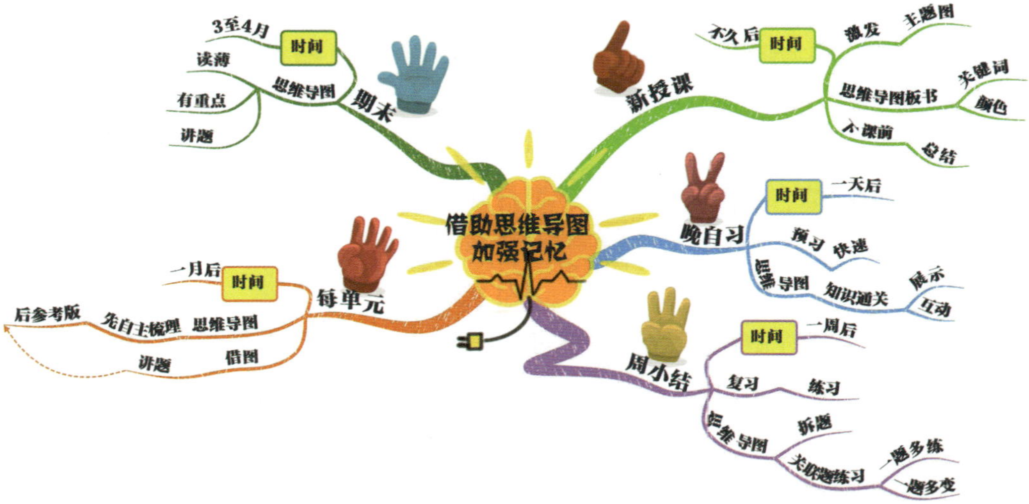

图5.4-1

思维工具箱

1. 教师可以在思维导图基础上，引导学生快速读图后，尝试闭眼3分钟记忆，记不起的地方可以睁开眼睛看看之后再闭眼继续，直至能够记住这张图。

2. 教师可以在思维导图基础上，让学生在思维导图上标注该知识对应的教材页数、单元信息等，并可以配上自己表示重难点的图像、符号以帮助学生加强记忆。

3. 针对不同水平的学生，在自主作图中，教师需要引导学生梳理思路，一张图并不是必须一气呵成，是允许修改的，甚至发现有大问题后，完全可以重新画一张。

4. 教师需要把图“动态”“多元”用起来。无论是学生还是教师，画思维导图不是为了花更多时间，而是为了节省时间。思维导图完全可以一图多用，不仅是学生如此，教师也可以多元使用思维导图，在单元复习时可以参考，讲题时进行思维导图图片投影，让学生看到知识体系。期末复习，也可以借助之前的图进行再整合梳理等。

5. 教师要构建思维导图的学习文化氛围，多让学生讲图，分享和互相学习。可以在教室里配有专门的学生优秀思维导图示范区，每周晚自习知识完美通关作品、每一单元学生的优秀作品等，都可以进行展示。

第6章

PBL能力课

LESSON OF PBL ABILITY

6.1 微型PBL——“心心”之火

现在，很多学校都在推行PBL项目式学习，但不少教师比较困惑：如何设计好项目式学习？

在前面章节中，我们已经提到过思维导图几乎可以用于任何学科、任何学龄段以及教学过程中的任何环节。

如果思维导图和项目式学习结合，会不会爆发出更大的火花？

在PBL过程中，教师最痛苦的就是对项目规划和准备、项目管理、项目完善这几个板块进行系统设计，用上思维导图的可视化功能保证学生能够清晰直观地了解项目，用上思维导图的思维激发功能能产生更多解决问题的方式，更高效解决驱动型问题。简单来说，PBL是一种教学方式，思维导图可以在教学活动中作为教师和学生都可以使用的思考工具使用。

一般来说，教师初次操作PBL时，可以先尝试用微型PBL让学生体验项目式学习的乐趣，微型PBL驱动问题不会太大，课堂上用的时间比较少，跨学科要求不会太高，成果展示也可以简单和多元化，比较容易上手操作，学生也比较容易去实践。但微型PBL一样是具备一个项目式学习的所有精髓和环节的，比如进行PBL前，教师需要把PBL的基本要素（重要内容、21世纪技能、深度研究、驱动型问题、必备知识、学生的声音和选择、修改和反思、面向公众）[1]用思维导图进行系统设计。我一般用思维导图搭建起上述内容框架（部分内容源于“三有项目式学习”），然后根据需求，对设想不断进行设计调整，如图6.1-1所示。

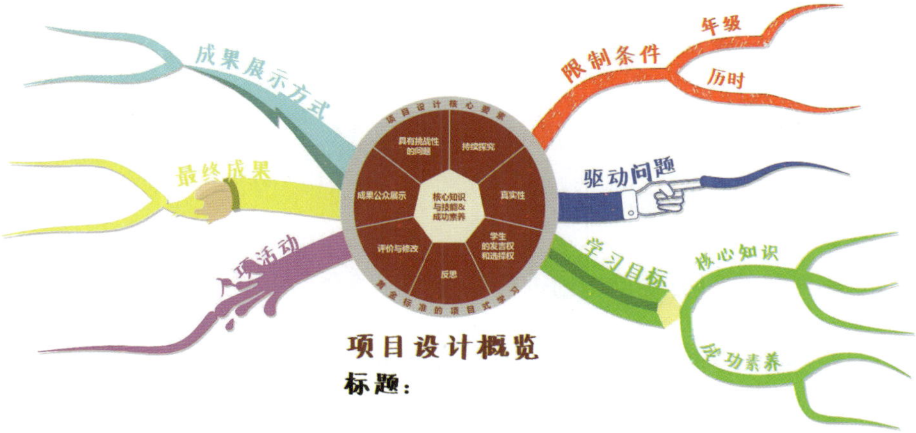

图6.1-1 （来源：pblworks.org，由三有PBL学院翻译）

教师可以根据自己的驱动型问题，设计项目启动仪式，在项目启动后，教师可以把整个项目的进程用思维导图进行梳理，向学生进行整个项目的介绍；在项目过程中的不同阶段，教师同样借助那张思维导图了解进度，以及这个阶段项目的任务是什么，大家已经做了什么，接下来做什么；在项目过程中，同样用思维导图去助力学生进行高效的团队计划、讨论、记录、创意、分享等；在项目结束后，借助思维导图对整个项目进行评估、反思。

① ［美］约翰·拉尔默《PBL项目学习》。

接下来我把这个微型的课前3分钟“心心之火，可以燎原”项目进行阐释，帮助你了解如何用思维导图来设计和实施一个微型的项目。

准备材料

思维导图版项目计划（教师），燎原墙（班级），思维导图版脱稿版演讲稿（学生），PPT（学生），颁奖卡（学生）。

操作说明

1. 视屏素材进行项目启动。
2. 用思维导图版项目计划进行项目介绍。
3. 明确操作要求，提供思维导图演讲模板进行参照。
4. 班级自主设计“燎原墙”。
5. 团队进行PPT、思维导图版演讲提纲和感动卡准备。
6. 在学生展示的同时，教师现场进行录像和及时反馈。
7. 将各班“燎原墙”用展板进行全校展示。
8. 项目反思。

实操参考

项目综述：

每个团队派出代表，作为“感动人物讲述人”，在“2018感动中国人物”

中选择的一位感动人物作为“心心之火”，进行TED模式的3分钟当众全脱稿演讲，去传递感动人物的能量，在演讲最后读出自己团队设计的“感动卡”上打造的感动词，并贴在“燎原墙”上，在学生展示的同时，教师在现场用摄影机进行录制。每个班所有团队展示结束后，把所有班的“燎原墙”连起来，组成长海报贴上学校展板进行全校展示。

每个团队学生需要提前设计思维导图版脱稿提纲、感动卡、PPT，班级由课代表团队组织设计“燎原墙”海报。

项目的构想和创建：

因为是要做一个微型PBL，也就不会拿出太多课堂时间来操作，在我们常规的课堂流程中思考可否直接改造一个环节，既不影响学生顺利进入正常的课堂学习，又给学生足够的空间去进行体验和展示。

我们学科的课堂常常有新闻播报环节，但是对于这个“课前3分钟新闻播报”活动，我们学科教师改革了很多次，效果依然不够理想。还是有很多学生做不到有效收集信息，脱稿展示，逻辑表达不清，甚至不敢上台表达。

我学习了项目式学习方法后，鉴于学生们都已经有思维导图的一学期的实践经验了，我开始思考，新闻播报这个环节能否有更多的可能？一个好的新闻播报需要哪些能力？思维导图能否作为工具，助力学生做出一个完美的独特的新闻播报？

我想到了思维导图辅助演讲的功能，还有学科的三维目标里特别强调的情感态度价值感目标和能力目标，我可以通过这些展示让学生拥有一个“Important Monment”，能够脱稿演讲并获得一次当众分享的掌声，甚至能像TED一样，借助演讲的方式，传递出自己的观点和态度，如果内容依然是时政新闻，也可以更好地传递新闻的温度和核心价值观。在这些问题的综合思考基础上，我设计了一个微型的PBL：课前3分钟“心心之火，可以燎原”项目。

接下来，我就要选择合适的主题和形式，将主题式综艺栏目的风格融合进这个微型的PBL：课前3分钟“心心之火，可以燎原”项目。然后，我将项目的内容都锁定一个大话题——2018感动中国人物。

在我看来，每一位感动中国人物都是我们国家、我们民族精神的“星星之火”，他们都拥有“可以燎原”的能量，我们的国家、我们的世界不仅需要他们，更需要我们去传递他们的正能量，注入我们自己的生命，并且传递给更多的人。由于是感动中国人物，我觉得感动来源于真心，所有我们把“星星之火”特地改为“心心之火”。

“心心之火”就让这个主题变得更加有趣，也就是每个团队代表选择任何一个感动人物的标准是自己被感动了，也愿意成为全班的“心心之火”在全班来传递感动人物的能量，在讲述的过程中感动其他同学，实现“燎原”的效果。

每个团队还需要给这个感动人物的事迹打造一句感动词，写在团队设计的“感动卡”上，最后贴在班级设计的“燎原墙”海报上。这样一来，这个主题不仅符合我们学科的内容，也符合学生现在的认知状态，还对应强化了上学期才学过的“生命的意义”“人生价值”等核心知识的理解。

借助设计“感动词”，跨学科借助语文老师的力量学会“打造金句”，展示的效果要更完美，通过PPT也可跨学科地提升学生信息技术掌握能力。在整个项目的实践过程中，各项琐碎的准备工作也培养了项目式学习中尤其强调的学生的21世纪成功素养之一——团队协作能力。

根据项目式学习最核心的环节，我设计了一张思维导图版的框架，进行了整体分析和设计，最后“心心之火，可以燎原”项目操作框架思维导图版如图6.1–2所示。

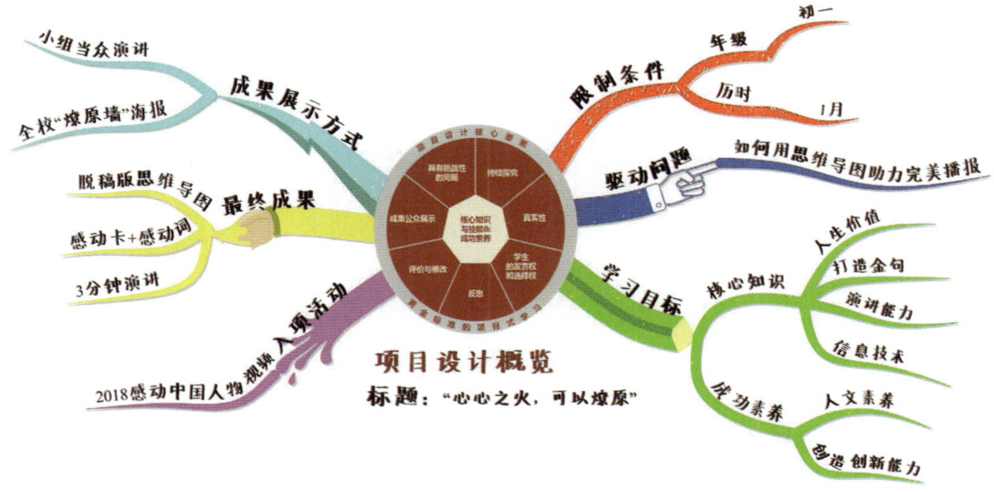

图6.1–2

项目管理：

当我有了项目想法，做了周密的计划并且做好准备，就该去落实了，这个过程需要我去进行项目管理。PBL的管理过程大致包括建立探究和独立文化、管理团队合作、追踪学生工作、指导探究过程、促进项目成果展示、提前排除常见问题等，我首先让所有小团队不再以简单“小团队”的说法命名自己，强调每个团队都是一个“团队”，之前班级安排的小团队长就是队长，对自己这个团队起管理职责，还可以给团队起个大家喜欢的队名。

项目启动：

在学期开始，我就在第一节自习课上播放了2018年感动中国人物的视频片段，在视频播放结束后宣布这一个月的学习将一起进入课前3分钟“心心之火，可以燎原”项目，并给出了详细项目参与要求和各项细节。

团队参与的要求：

1. 时间：每团队3分钟。

2. 展示内容：选择2018感动中国人物最感动自己的一位进行分享。

3. 展示必须准备：思维导图版脱稿提纲、感动卡。

4. 展示推荐准备：PPT。

5. 展示人员：1~2名。

团队展示仪式：

1. 结束时，有感情地读出自己团队设计的感动卡上的文字。

2. 在掌声中，把感动卡贴到自己班设计的“燎原墙”上。

团队展示的考评：

1. 完成展示：+5分。

2. 完美（拥有大多数掌声，实现全脱稿）展示：额外团队每人+20个脑力值，兑换到团队各1分，共6分。

3. 缺席展示：–5分，但拥有一次补充展示机会。

同时，展示每个团队需要准备的思维导图版脱稿提纲，并简单进行讲解如何使用，帮助团队展示成员梳理思路和记录。

我提供的思维导图模板如图6.1–3所示。

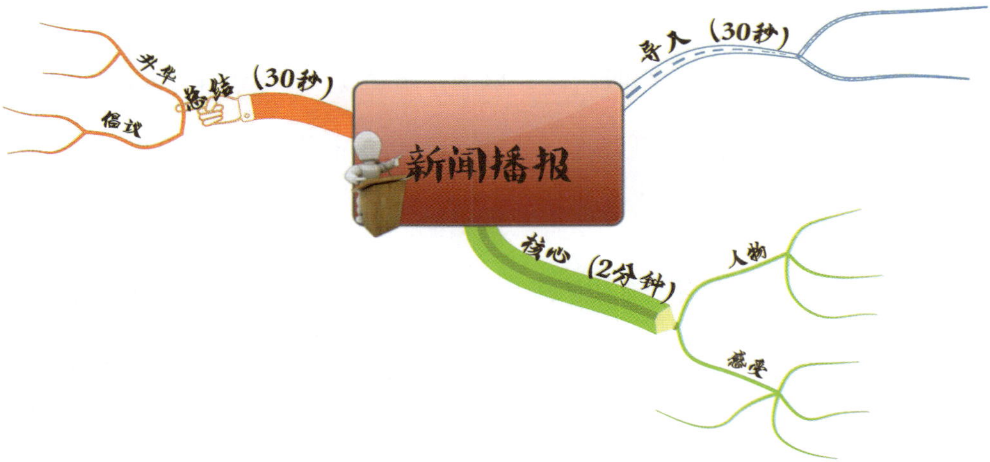

图6.1–3

我提醒同学们，做项目过程遇到专业问题，除了团队成员协作，还可以寻求各科老师甚至家长的智慧，实现完美展示。例如，思维导图演讲稿的分析和梳理等问题可以咨询我；打造感动卡片上的感动词打磨“打造金句”的技能，可以咨询语文老师；PPT制作，插入合适的视频和音乐增加氛围，可以咨询信息技术老师或者家长等。

指导探究过程：

在做项目的过程中，每个团队的展示，我都会简单用1分钟及时反馈，提倡我们的项目展示要专业。例如，从上台的礼仪、眼神看到哪里、PPT最后的颁奖环节可以插入音乐、导入话题时可以加入提问和互动等，让学生了解我们还可以如何做到更好。

在过程中，我发现有些团队展示不太完美，是由于没有提前把准备工作做好，就提倡展示团队尽量提前2天把PPT、思维导图版脱稿提纲主动交给我审查，在指导的同时，要多放手，给学生足够多的创意空间，让他们在团队里独立探究，解决一些应该自己解决的问题。

项目展示：

每周两节课都会有一个团队进行3分钟的班级内展示，每周两个团队，一个班8~9个团队，学生们整个项目持续1个月时间。每个班内部展示结束后，各班“燎原墙”拼在一起，用学校展板进行全校展示。

在班级的每周展示，每个团队展示前，需要提交准备资料，也就是思维导图版脱稿提纲、感动卡。虽然不要求必须用PPT，其实每个团队都有使用PPT辅助展示。学生的思维导图版脱稿提纲如图6.1–4和图6.1–5所示。

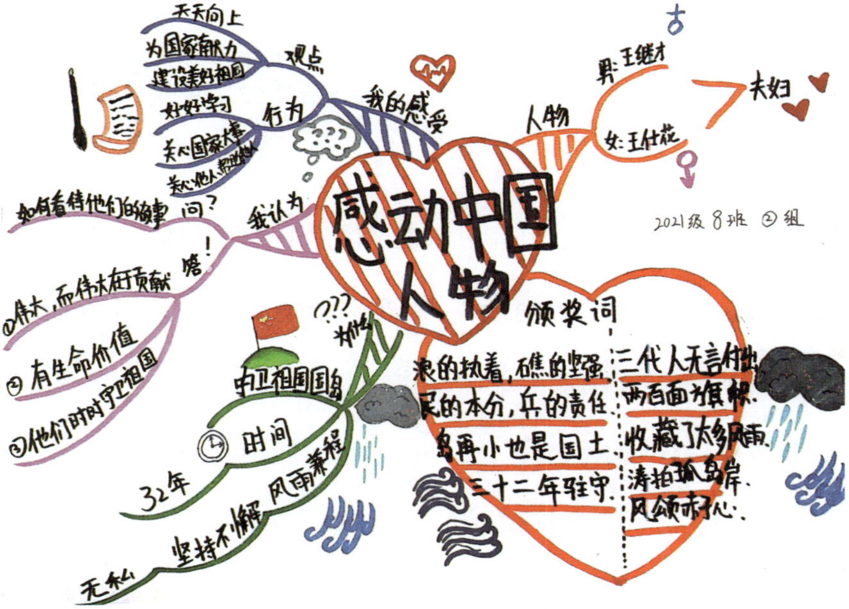

天天向上
为国家献力
建设美好祖国
观点
好好学习
关心国家大事
行为
我的感受
感动中国人物
人物
男：王继才
女：王仕花
夫妇
2021级 8班 ②组
如何看待他们的故事 问？
我认为
①伟大，而伟大在于贡献 答！
②有生命价值
③他们时时守卫祖国
???
守卫祖国国岛
时间
32年
风雨兼程
坚持不懈
无私
颁奖词
浪的执着，礁的坚强
民的本分，兵的责任
岛再小也是国土
三十二年驻守
三代人无言付出
两百面旗帜
收藏了太多风雨
风颂赤子心

图6.1-4

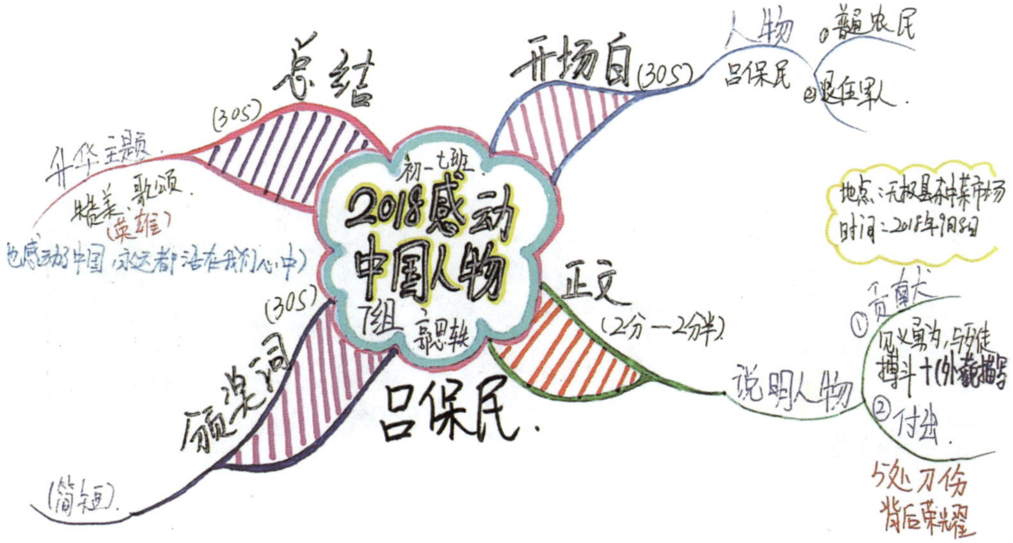

总结
(30S)
升华主题
赞美、歌颂
(英雄)
开场白(30S)
人物
①普通农民
吕保民
②退伍军人
初一七班
2018感动中国人物
7组
时间：2018年9月8日
正文
(2分一2分半)
说明人物
①贡献
见义勇为，与歹徒搏斗＋(外貌描写)
②付出
5处刀伤
(30S)
颁奖词
(简短)
吕保民

图6.1-5

我考察了7个班的现场情况，小团队认真做了思维导图脱稿版提纲，展示的脱稿效果、演讲效果更加自信，有更多的形式，能更清晰传递事件，表达自己的观点。

每个团队展示时，我都在用三脚架录像，学生明显感觉更正式，更加重视展示的质量。学生们面对镜头，从刚开始紧张，到后面侃侃而谈，其他团队受到了很大的激励。

在学校的展板展示部分，每个班从团队展示中选出“最佳代言人”，负责在自由活动时间，守护在自己班的“燎原墙”旁边，对来参观的其他年级同学讲解“心心之火，可以燎原”项目中的过程，主动为参观同学分享感动卡“背后的故事”。

在这个过程中，由于在班级内进行过当众展示，学生往往会更加大方，能够在真实的场景中，对问题进行解答，展示自己的能力。每个班的燎原墙校园展示，如图6.1-6所示。

图6.1-6

除此之外，我还把学生录制的“心心之火”精彩视频进行编辑，在学校和集团进行宣传，各班展示的团队学生也可以把老师同步录下的过程拷回去传上自己的微博，分享成长的经历。

项目回顾：

项目式学习完成后通常都会有庆祝成功的环节，一个简单的庆祝，也会颇具仪式感地让大家对完成了一个好的项目作品有兴奋感，这也会成为他们参与项目的动力。项目式学习有很多庆祝成果的仪式，鉴于“心心之火，可以燎原”是个微型项目，我选择了在每个班最后一个团队展示结束后，就从我开始，举起双手，与每个队的“队长”击掌，然后让学生以团队为单位，从队长开始，进行团队成员轮流击掌。我发现，哪怕就是这么一个小小的仪式，学生都是非常兴奋的。

项目反思：

项目成果展示结束后，需要对项目进行反思，项目反思不是一个可有可无的环节，是任何一个项目式学习的必备部分。

“心心之火，可以燎原”是个微型PBL，也是学生们参与的第一个项目，需要教师引导学生们对这个项目进行回顾。在反思前，我明确了这一次回顾主要目的就是让学生发现项目式学习的乐趣和总结自己的收获，以及发现如何改进，还有就是让学生为下一次新闻播报选出大家感兴趣、有价值的主题。

如果这个环节让学生一一来说，就会有两个问题：

1. 很容易说不全面。

2. 只有部分同学真正表达了意见。

在反思过程中，我更希望是所有学生都能给予反馈，尤其是团队中参与度不高的同学的想法对我尤其重要。同时，需要灵活把握时间。接着，我用上思维导图，让每个同学先用5分钟自己填写，然后在团队里轮流分享，再请团队代表进行全班简要分享。最后，把所有同学的反思收上来，思维导图版反思提纲如图6.1–7所示。

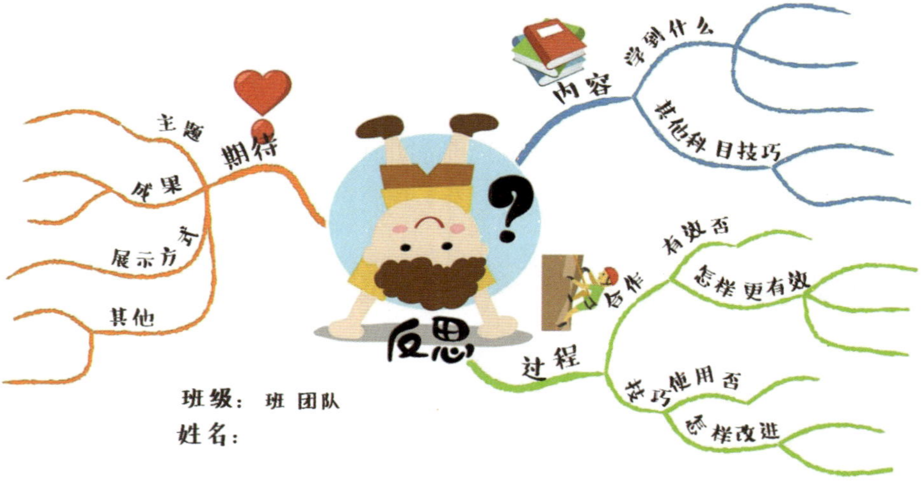

图6.1–7

由于有了思维支架，学生的反思效率和质量都非常高，也对下一次的主题提出了非常好的建议，学生的反思如图6.1–8、图6.1–9所示。

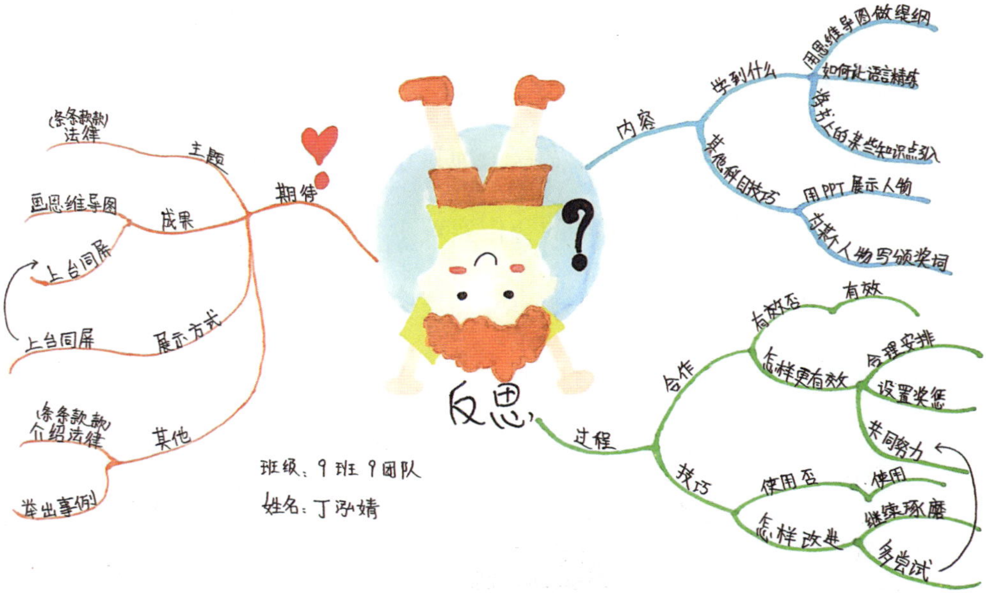
反思
期待
主题
(条条款款)法律
成果
画思维导图
上台同屏
展示方式
上台同屏
其他
(条条款款)介绍法律
举出事例
内容
学到什么
用思维导图做提纲
如何让语言精练
将为人的某些知识点引入
其他科目技巧
用PPT展示人物
为某个人物写颁奖词
过程
合作
有效否
有效
怎样更有效
合理安排
设置奖惩
共同努力
技巧
使用否
使用
怎样改进
继续琢磨
多尝试
班级：9班 9团队
姓名：丁泓婧

图6.1-8

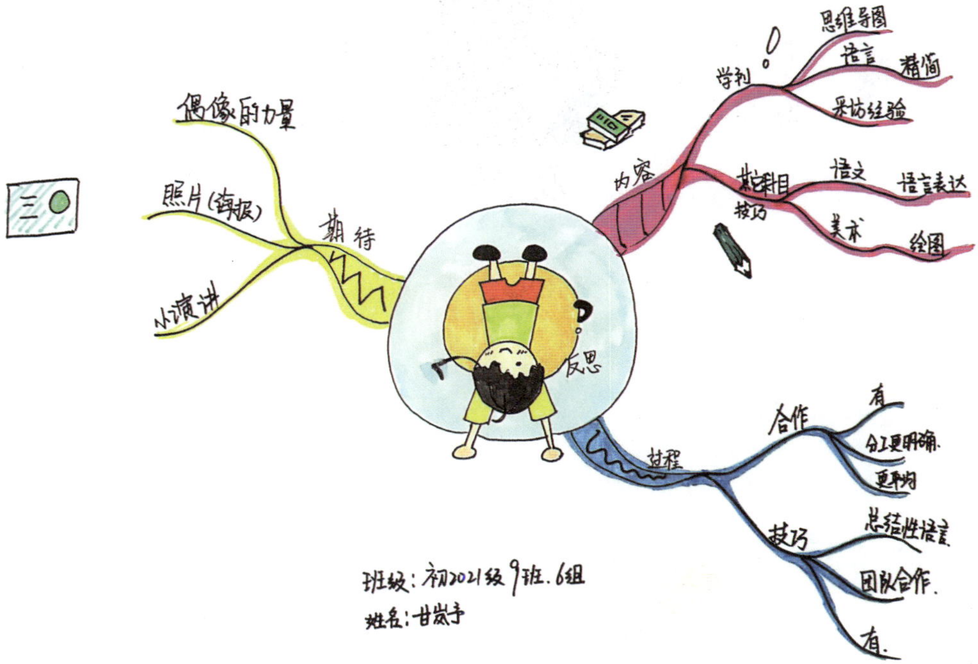
反思
期待
偶像的力量
照片(海报)
小演讲
内容
学到
思维导图
语言
精简
采访经验
其他科目技巧
语文
语言表达
美术
绘图
过程
合作
有
分工更明确
更和谐
技巧
总结性语言
团队合作
有
班级：初2021级9班.6组
姓名：甘岚予

图6.1-9

在学生的反思基础上，我了解了学生的声音。教师作为项目设计者，也需要进行反思，对项目的整体进行反思回顾，可以帮助改进和完善。例如，我综合了学生的反思、做这个项目过程中遇到的挑战、每个班驱动型问题的实现以及可以更多的合作实现更好的项目效果等几个方面进行了反思，如图6.1–10所示。

图6.1–10

思维工具箱

1. 教师可以在每周将展示小团队的思维导图演讲版提纲贴到班级“燎原墙”旁边，让大家互相学习前期准备，学生会更清楚该做怎样的前期准备，展示的时候才会更完美。

2. 由于是微型PBL项目，时间和精力都是有限的，教师在设计时知识、技能、情感、态度、价值观会更聚焦，这样学生的习得效果会更好。用思维导图，让学生们知道项目的流程和细节，尤其是反思时，可以帮助学生更好地进行自我检视。

3. 学科间教师的有效合作，会让项目的质量显著提升。教师可以用项目概览的思维导图，找到项目“合作伙伴”，从而获得更多好点子。

6.2 深度PBL——榜样青春

为什么我们要打造PBL?

在今天，世界范围内的最核心的教育，逐渐聚焦到诸如4C（Critical Thinking & Problem Solving，Creativity & Active Learning，Communication & Cooperation，Cross-Culture Understanding & Global Awareness）这样的目标上来，也就是强调批判性思维与问题解决，创造性与主动学习，交流与合作，跨文化理解与全球视野。[①]在不同的国家和组织机构中，这些核心方向被统称为素养（competences），或者“21世纪技能”。

“21世纪技能”是PBL的基本要素之一，强调学生需要掌握在当今世界具有价值的技能，如4C，这些技能在PBL中都要学习并进行评估，如图6.2-1[②]所示。

① 张悦颖、夏雪梅《跨学科地项目化学习：4+1课程实践手册》。
② [美]约翰·拉尔默《PBL项目学习初学者入门》。

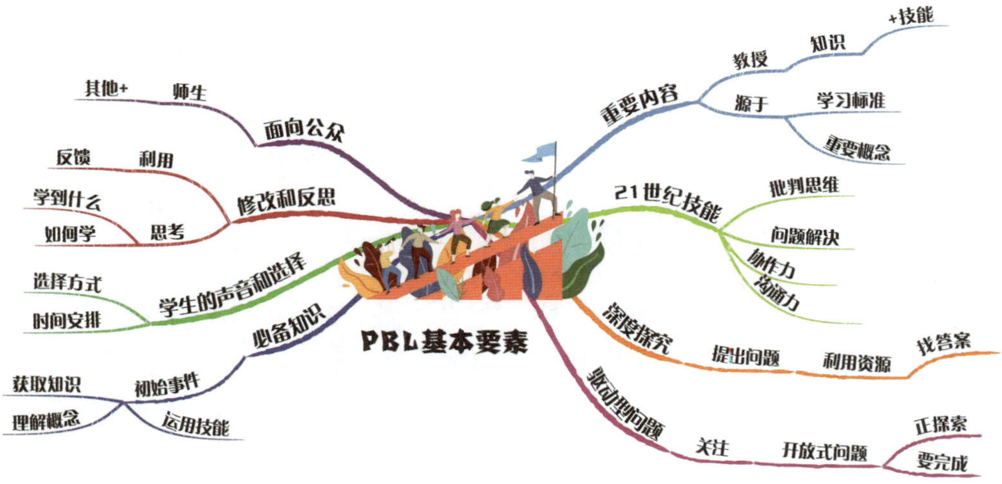

图6.2-1

“核心素养”在国内被称为“课程改革的关键”“新课标的源头”“中高考评价的风向标”。2016年国家教育部颁布《中国学生发展核心素养》，提出中国学生发展核心素养以培养“全面发展的人”为核心，分为文化基础、自主发展、社会参与三个方面，综合表现为人文底蕴、科学精神、学会学习、健康生活、责任担当、实践创新六大素养，具体细化为国家认同等十八个基本要点。

这六大素养之间是相互联系、互相补充、相互促进，需要在不同情境中整体发挥作用的，根据《中国学生发展核心素养》里的相关内容，我用图6.2-2来概括国家教育部提出《中国学生发展核心素养》的要求。

图6.2-2

对比图6.2–1和图6.2–2两张图，你会发现，进行项目式学习将是教师“面向未来而教”的必备能力，教师需要通过构建PBL，为学生打造一座通向未来的桥梁。

欧洲政策联盟（KeyCoNet）作为欧洲一个实施和践行核心素养的重要组织，他们认为“进行项目化学习是全校所有教师的责任，因为学生要在项目化学习中形成核心素养，掌握思维工具，以适应复杂的情景，成为终身学习者”。

我们为什么要用思维导图打造深度的PBL?

PBL由于可以帮助学习者在真实的情景中将各种经验融合在一起，迁移应用，全身心地投入其中，创建有意义的深度学习。把思维导图融入PBL中时，相当于给学生提供了一个利用跨学科等多种信息处理真实问题、辅助知识实现迁移运用必备的“黏合剂”，让学生把来源于学科的“罐装”知识运用到真实世界。同时，为学生在提出问题、分析问题、解决问题提供思维工具和思维支架，更好地让学生进行主动学习，锻炼学生的思维，用多学科的知识体系和思维方式，去实现对教材知识的批判性思维与问题解决，对真实问题的创造性与主动学习，有助于团队内和团队间的交流与合作，有助于获得跨文化理解与全球视野。

授人以鱼，不如授人以渔。把思维导图融入项目式学习过程中，借助思维导图作为思维工具，让学生不仅仅是学到用PBL的方式解决问题，更学会如何去使用PBL。在这个过程中，自然习得不同学科解决问题的思维方式，更明白如何借助思维工具来进行分析、整合、解决和团队合作，甚至还能同时实现可复制、可拓展相关问题解决方案，以及辅助项目成果展示等。这样，在项目式学习中，同时锻炼思维能力，提高项目的思维质量，在项目的评估体系里更有必要融入“思维评分”，让学生从解释、诠释、运用、视角、同理心、自我认识等角度更好地实现全面发展。①

项目设计时，需要教师进行教学创新。思维导图作为思维可视化工具，融入项目式学习过程中，可借助可视化思维进行教学创新。教师在项目设计和执行中可借助可视化思维引导学生进行观察、思考、提问，推动思维探索、思维共享、观点圈、罗盘指标，帮助他们了解过去和现在

① [美] 约翰·拉尔默《PBL项目学习》。

的想法等实现。[1]

“优秀的PBL项目意味着要让PBL满足你的学科需求”[2]。接下来，我分享在学科基础上借助思维导图打造的深度的PBL《榜样青春修炼手册》，帮助你了解如何用思维导图更好地融入项目式学习中。

准备材料

思维导图版项目计划（教师），项目启动视频资源和神秘来信（教师），奏折本（学生），白纸，彩笔（思维导图知识通关）。

操作说明

1. 视屏素材和神秘来信进行项目启动。

2. 用思维导图版项目设计概览进行项目介绍。

3. 用思维导图版项目计划让学生明确操作时间和操作要求。

4. 每周晚自习3个团队进行思维导图知识通关环节展示和进行项目下一步的头脑风暴。

5. 通过头脑风暴选出合适的采访对象、时间、方式。

6. 通过头脑风暴筛选合适的采访的问题。

7. 进行采访并在思维导图版采访提纲上同步记录。

---

① [美] 约翰·拉尔默《PBL项目学习》。
② 同注①。

8. 根据采访内容，设计《青青修炼手册》。

9. 根据《青春修炼手册》自选形式在“青春之夜”秀进行项目成果展示。

10. 选《青春修炼手册》优秀作品，进入学校图书馆，给学弟学妹作为“青春指南”。

实操参考

项目综述：

每个班以团队的方式去实践项目，在教师借助来源于本地的青春明星TFBOYS里王源的成名作《青春修炼手册》和成长历程，以一封神秘来信介绍项目任务，启动《榜样青春修炼手册》项目后，借助每周晚自习部分时间，一方面让每个班当周认领单元课堂任务的团队进行每个队3分钟思维导图知识通关环节同频展示和知识展述，其他组进行“找茬儿”；另一方面，在教师引导下，进行项目下一步的头脑风暴，一步步确定合适的项目采访对象，在教材问题基础上用思维导图记录好重新设置的采访问题，并进行同步的采访记录。最后，在老师的思路激发下，根据团队自己的特色和团队优势，根据采访内容，把奏折本打造成《青春修炼手册》，并在“青春之夜”秀进行成果展示。

项目的构想和创建：

因为一节课的内容受时间限制，很多课程中可以深入挖掘的内容只能点到为止，很多体验和实践无法安排，学生没有足够的空间去充分讨论、展示。构想这个项目时，我设想这个项目能够超越微型PBL，成为融入正常教学可操作的深度PBL。我想给学生一个机会，让他们去对话真实的世界、有趣的人物。最后，通过项目过程产生的项目成果不仅来源于教材，还能高于教材，充满趣味和对以后的学校或者社区的青春少年们有“青春指南”的作用。

第一单元的主题是“青春”。青春是如此真实和贴近学生的当下，仅仅借助教材逻辑，我觉得不足以让学生深度认识青春的“多维”，不足以让学生过好他们的“青春岁月”，我想在教材“青春”知识的基础上，更好地实现知识的应用，让学生能够在团队中一起交流青春困惑，在教材问题基础上提出感兴趣的青春问题，去获得“青春指南”。

学生在教材之外，还能怎样获得“青春指南”呢？

我想到了学生可以去找青春榜样人物，去对话那些走过青春岁月的榜样人物，因为榜样人物的昨天就是学生们的现在。越是身边的榜样人物，越有借鉴意义和真实性。如果能够跟他们通过对话、提问、记录，学生们在做项目过程中不仅实现了“走出去”，也能够通过输出项目成果和展示这些榜样人物的能量，达成“引进来”。

基于这样的方向，做这个项目选题时，我邀请各班学生代表与学科教师，借助思维导图一起进行头脑风暴（思路框架来自约翰·拉尔默的《PBL项目学习》），每个人在便利贴上写出至少5个选题想法，一个便利贴上写一个，贴到思维导图上。

然后，针对这些问题，根据刺激性与挑战性，开放性与复杂性，与学生的学习内容的核心相连这些驱动型问题的特点，进行综合选择和进一步改写，结合教材一单元主题词“青春”，最终确定以“通过采访一位榜样人物，打造自己的《青春修炼手册》”作为驱动问题。

在这个驱动问题的基础上，我继续去思考：怎样去选择合适的榜样人物？这需要学生们借助思维导图在团队里快速进行头脑风暴，根据自己身边的社会资源去选择可操作的榜样人物。

采访什么问题呢？

学生们可以借助教材中第一单元《青春时光》的所有知识点问题进行筛选，最终选择3~7个问题进行针对性的提问，并借助思维导图，把问题写在分支上以便下一步操作。

采访的过程用什么既方便记录也能帮助团队其他同学进行快速了解呢？

这个过程，同样能够用上思维导图这个思维工具，帮助他们进行头脑风暴和进行采访的同步记录。

最终成果是什么呢？能不能有更加与众不同的方式呢？

这需要以对榜样人物的采访记录为基础内容，根据组内同学的特色打造，用奏折本打造属于自己组的《青春修炼手册》。这个手册可以选择“奏折本”，教师来提供不同风格，让学生来进行特色打造，并在“青春之夜”秀根据自己组的风格选择不同方式进行成果展示。

我把所有想法借助之前制作的“项目设计框架”进行系统梳理（部分

内容源于“三有项目式学习”)，对设想不断进行设计调整，最后确定的版本如图6.2-3所示。

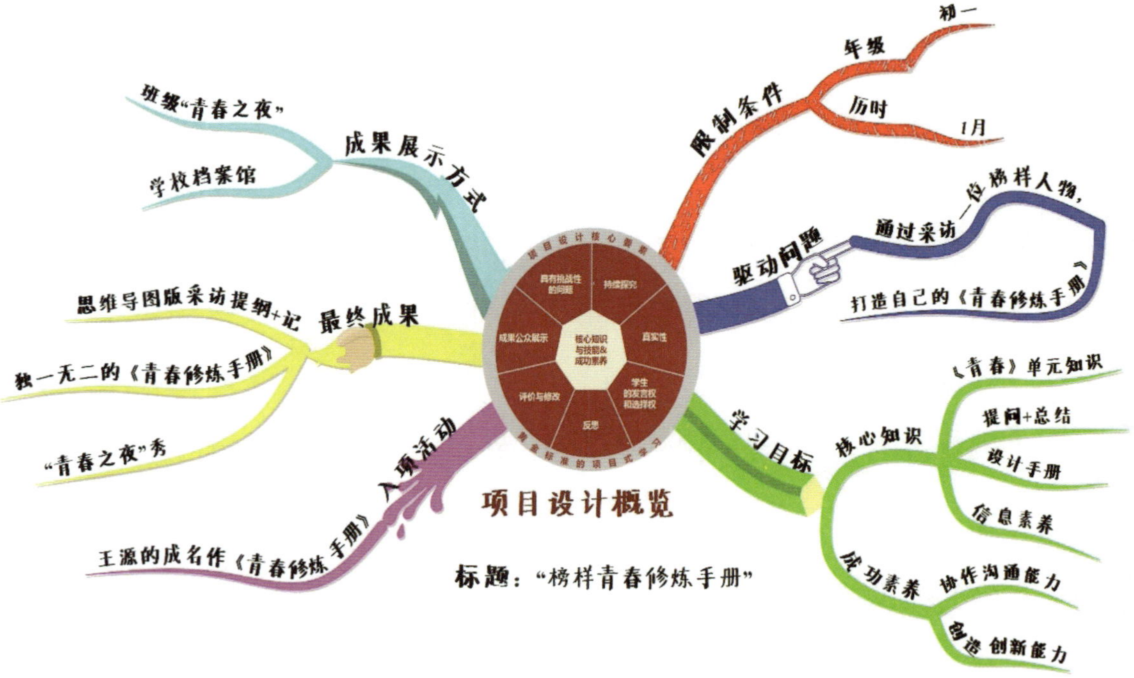

图6.2-3

项目管理：

在系统设计项目设计概览后，我已经确定了项目想法，而且有了周密的计划和准备，接下来就需要去落实了。有效地进行项目管理，才能最大限度地发挥项目价值。

项目启动：

一个引人入胜的项目启动方案，可以帮助学生产生意愿，调整状态，更好地做好准备开启项目任务。

在一单元开始，我先不讲内容，而是在上课后，开启了一个红色信封，读出里面一封神秘来信的内容，开启项目任务。信的内容如下文：

初2021级的同学们：

岁月不居，时节如流，但我们正青春！

如何才能更好地走过青春岁月？你的身边是否有着从青春时期就正式开启了开挂人生的他们？让我们去对话这些闪亮的人吧，在对话中你会得到启迪，得到勇气，得到智慧，得到神秘的“通关密语”。请你从对话他们中最后以团队的方式制作出一本《榜样青春修炼手册》，也开启你的青春闪亮模式吧！

×校《榜样青春》项目组

2019年2月27日

读完信的内容后，我告诉学生们，从今天起，接下来这个月我们将一起进入《榜样青春修炼手册》项目。

接下来，就是神秘嘉宾助力环节。我会请来自重庆的特邀人气青春偶像来远程助力我们的项目，让学生感悟到我们身边其实有很多榜样人物，他们的成长离不开青春期的认真努力和不懈追求。

我透露几条信息，让同学们来猜猜这位特邀人气偶像，信息如下：

1. 成名作是《青春修炼手册》。

2. 登上初三政治课本。

3. 作为中国青年代表出席联合国青年论坛。

很多同学听了第一、第二点，就会猜到这位特邀人气偶像是王源了。然后，我就借助PPT，介绍王源青春期一路走来活动的主要信息和主要成就。2019年，王源已经从当初的青涩少年成为成年人了，他的成名曲《青春修炼手册》让同学们了解了青春的烦恼和青春的美好。

我提出对本次《榜样青春修炼手册》的期待和项目驱动型问题——“通过采访一位榜样人物，打造自己的《青春修炼手册》”。

接下来，我借助思维导图给学生展示《榜样青春修炼手册》项目的四个阶段的任务，让学生简单了解项目流程，并把每个阶段团队任务安排在每周晚自习进行讨论和确定团队方案，既方便教师进行指导，也减轻学生做项目时间、场地、团队合作等，如图6.2–4所示。

图6.2–4

此外，为了更好地促进团队成员的成长记录，每个队队长都需要动态记录每个队员在整个项目过程中为项目做过什么，简要记录在思维导图上，如图6.2–5所示。

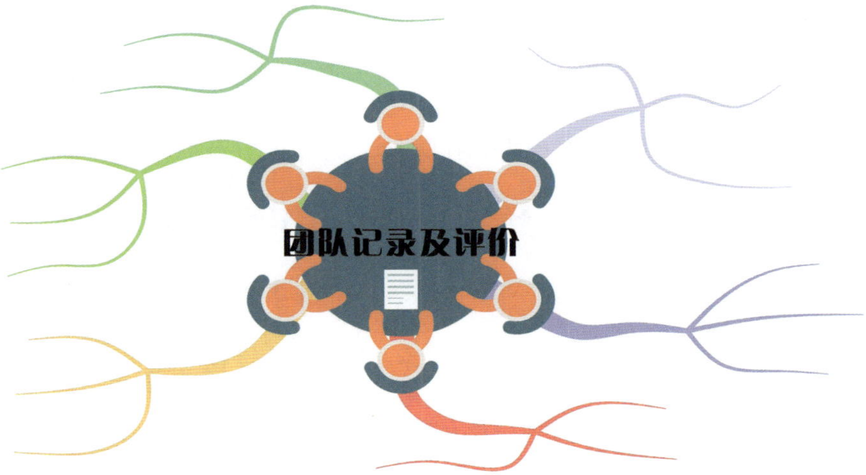

图6.2–5

在项目结束后，提交思维导图。在项目式学习中，这并不是打小报告，而是“同行评价”，也是为学生的成长提供证据，每个学生自己也可以从中找到一些有价值的数据添加到自己的自我评价中。思维导图版的评价量规，不仅可以实现记录的动态化和高效，还可以让队长和教师简化流程，让学生轻松操作，教师看得明白。

指导探究过程：

每周晚自习，我都会给出9分钟时间，即让3个队轮流展示3分钟思维导图知识通关环节，同频展示和知识展述，其他组进行“找茬儿”；之后的15分钟左右，让学生用来做项目。

简单讲述这个阶段项目要求后，让学生做头脑风暴，自主推动自己团队的方案。

每个团队3分钟思维导图知识通关环节同频展示和知识展述，是把班上9个组按照单元任务进行框题任务认领，比如1~6团队分别展示1~6框，第7、8、9团队分别进行第一课、第二课、第三课的思维导图知识通关环节同频展示和知识展述。每个完成展示的团队将会有5分的团队分，由于在这个知识通关环节每个团队使用了思维导图进行同频展示并借助思维导图进行知识展述，其他队进行“找茬儿”，如果找到一个问题，就会扣掉5分中的1分，加到自己团队。展示的成员往往会为了保证“万无一失”，提前把相应框题的思维导图画好，让我提前帮忙指导。

在项目过程中，常常需要进行头脑风暴。为了保证每个学生都能参与和充分表达，以及提高效率，我让学生自己先个人发散思维进行头脑风暴，然后再在团队里进行集体头脑风暴。每个团队都是6个人，我给每个团队示范了头脑风暴的万用提纲，方便每个团队在集体头脑风暴时，一方面可以在框框中写上组员名字（有时候学生可以选自己喜欢的颜色代表自己），在后面的二级分支上贴上写有自己想法的便利贴；另一方面，团队所有人都可以一目了然别人的想法，这可以提高团队进行选择、改进的质量和效率，如图6.2–6所示。

图6.2-6

第一周，项目任务是选榜样。我限时3分钟，让每个同学在便利贴上写出1~3个自己感兴趣的榜样，然后再在团队中进行头脑风暴，最终选出一个团队认为最合适的榜样，接下来去收集这位榜样人物的更多信息，为下一步采访做准备。

第二周，项目任务是列出采访提纲。每个团队同样需要进行头脑风暴，每个同学需要在教材问题基础上，至少提出3个感兴趣的问题，写在便利贴上，根据收集的榜样人物的成就和其他信息，在团队里进行头脑风暴，不断进行讨论和梳理，并拟出思维导图版提纲，把最后经过头脑风暴团队确定的四个问题写在思维导图的一级分支上，然后再进一步讨论确定去采访这位榜样人物的时间、地点、合适的方式，并选出合适的人员去落实采访，如图6.2-7所示。

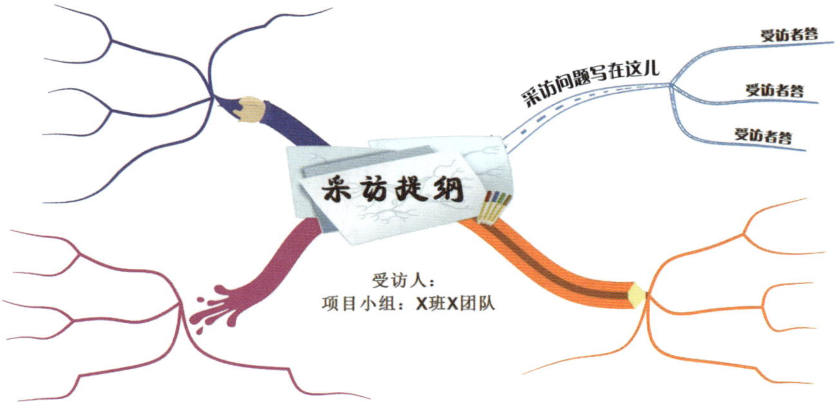

图6.2-7

第三周，项目任务是进行采访并记录，需要在小组里确定谁去进行同步记录，采访者和记录者可以是同一人。在记录的时候，可以直接选择思维导图版这个采访提纲，也可以进行音频、视频等记录。在记录完之后，根据采访情况，可以进一步修改完善甚至进行更有深度的采访。学生的最后的采访记录如图6.2-8所示。

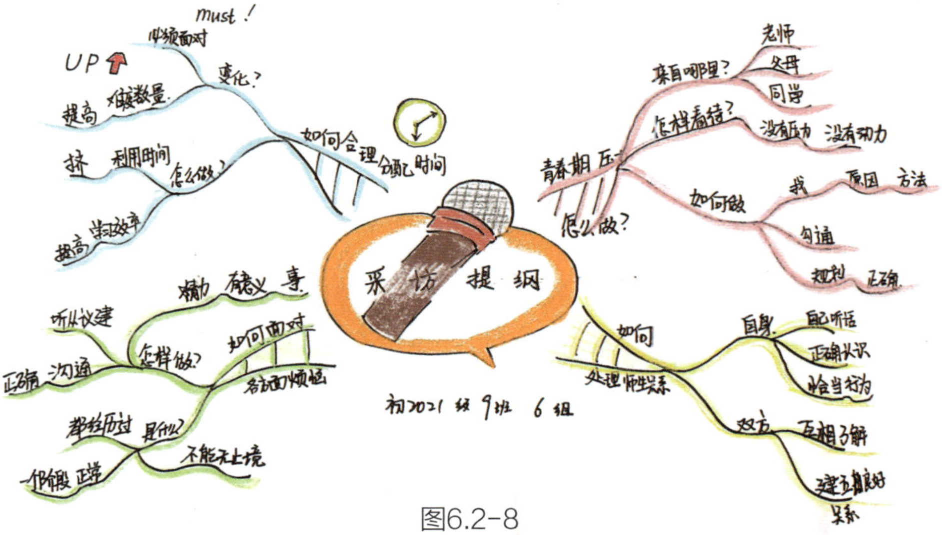

图6.2-8

第四周，项目任务是开始打造《青春修炼手册》，先需要学生根据“奏折本”的版式结合采访内容进行综合设计，我会给出一些风格进行提示，如图6.2-9所示。

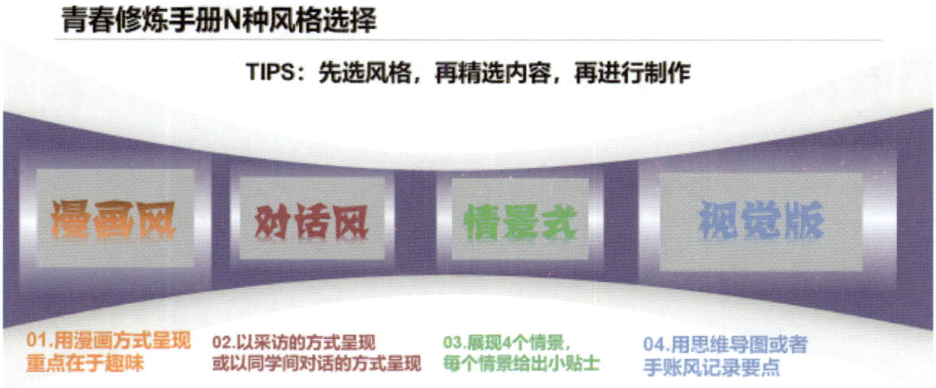

注：素材来源于islide PPT插件

图6.2-9

然后，团队根据组内同学情况进行优势资源配置，同时提醒同学们制作时需要注意的事项，比如要先打线稿，记得署名等。

在项目过程中，教师需要鼓励学生们先主动探究，充分利用校内外资源，遇到问题可以请教各学科教师，上网查询，创新方式去解决项目驱动型问题——“通过采访一位榜样人物，打造自己的《青春修炼手册》”，尽全力打造出高质量项目成果。

最后，准备项目成果展示。我会给出项目成果展示的具体要求和细节提醒，如图6.2-10所示。

注：素材来源于islide PPT插件

图6.2-10

项目展示：

除了每周都有3个团队进行3分钟思维导图知识通关环节同频展示和知识展述，其他组进行“找茬儿”外，整个《榜样青春修炼手册》项目，在每个班完成最后的制作后，在第五周，将会以自选形式在“青春之夜”秀进行项目成果展示。

每周团队3分钟思维导图知识通关环节同频展示和知识展述的思维导图作品，如图6.2-11、图6.2-12和图6.2-13所示。

项目成果“青春之夜”秀，我选择在每个班45分钟的晚自习进行。为了给学生更多的更开放的展示机会，我对所有班的课代表进行集中培训，让课代表来进行组织、管理、设计和准备PPT和全程主持，最后由我来颁奖和进行引导项目反思。

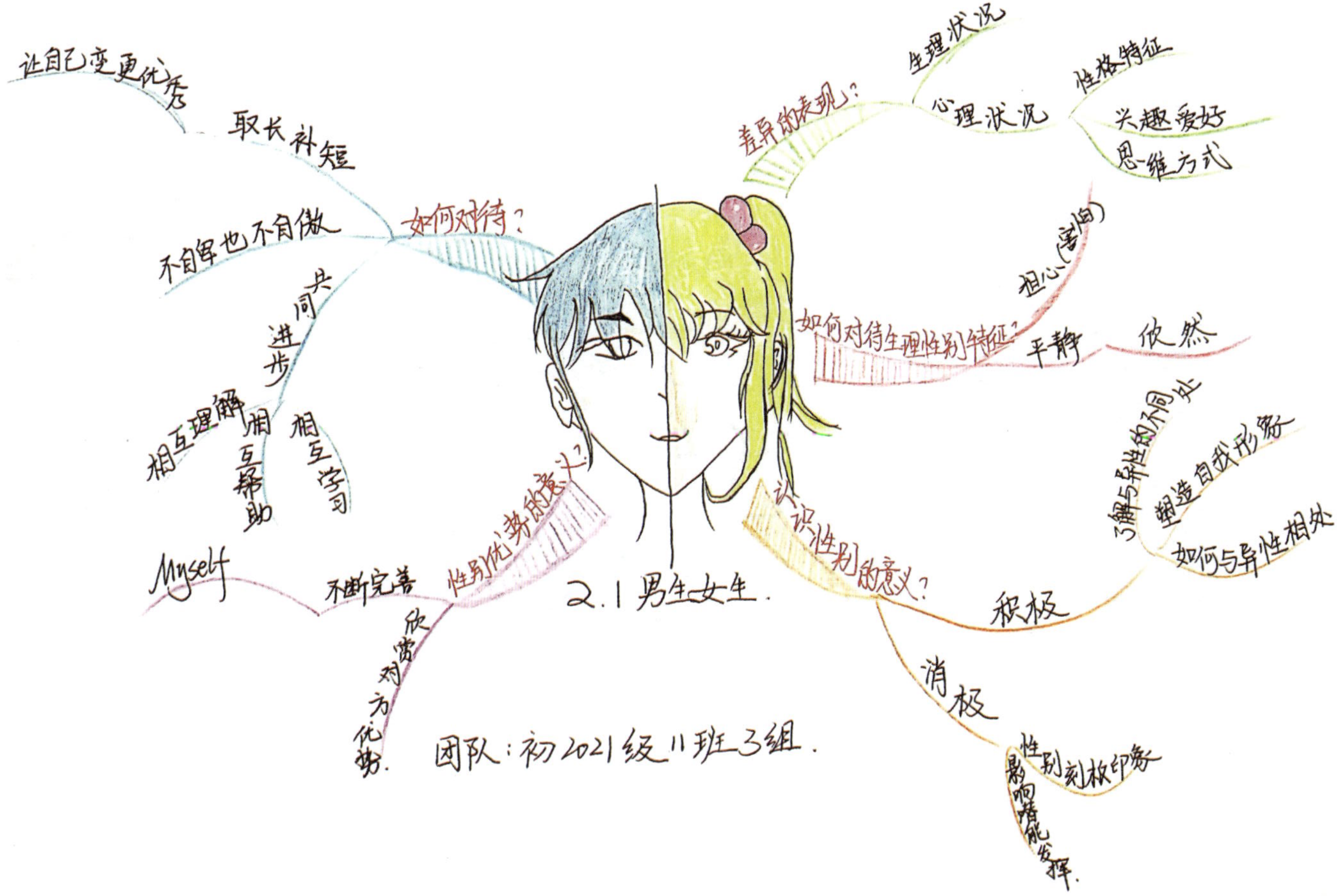
2.1 男生女生.
差异的表现？
生理状况
心理状况
性格特征
兴趣爱好
思维方式
如何对待生理性别特征？
担心（害怕）
平静
依然
认识性别的意义？
积极
了解与异性的不同处
塑造自我形象
如何与异性相处
消极
性别刻板印象
影响潜能发挥.
如何对待？
让自己变更优秀
取长补短
不自卑也不自傲
共同进步
相互理解
相互帮助
相互学习
性别优势的意义？
不断完善
Myself
欣赏对方优势.
团队：初2021级11班3组.
图6.2-11

图6.2-12

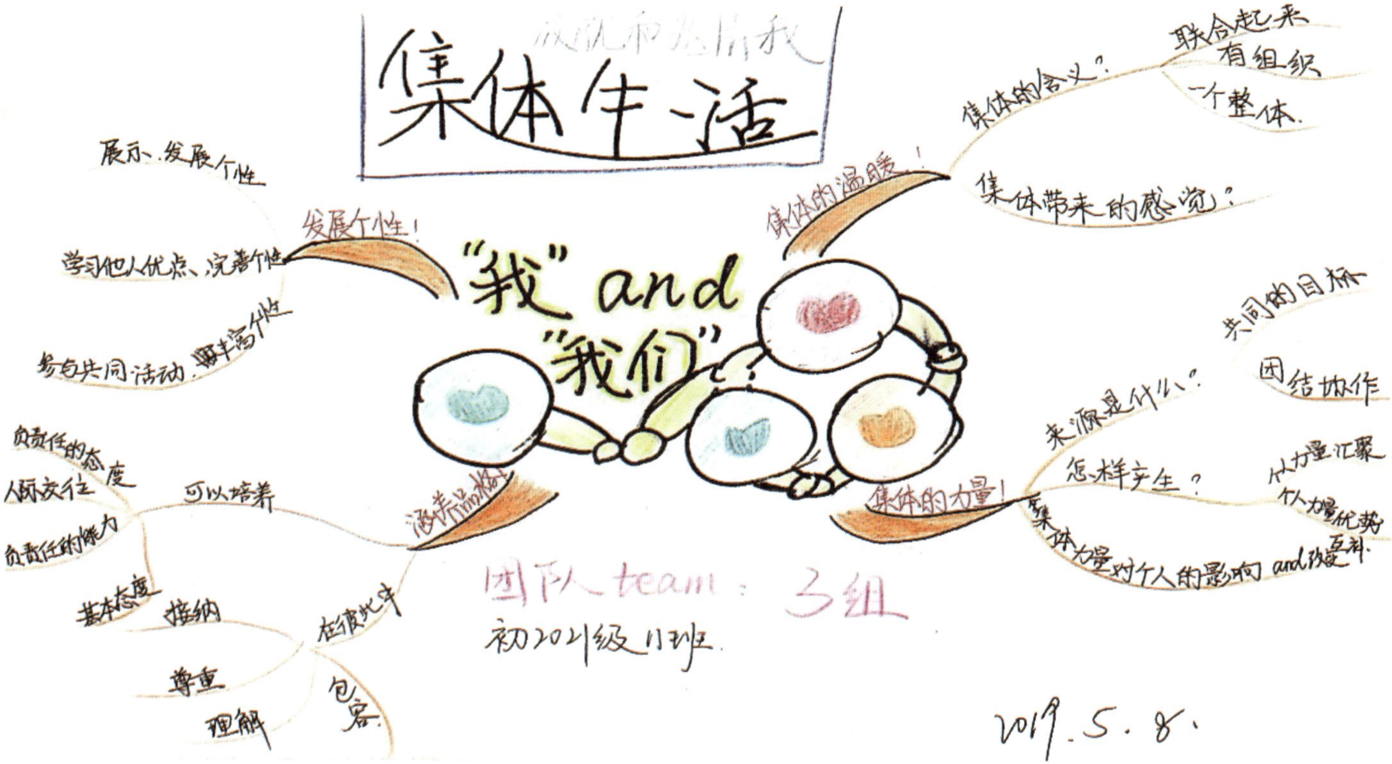
集体生活
“我”and“我们”
集体的温暖！
集体的含义？
联合起来
有组织
一个整体.
集体带来的感觉？
发展个性！
展示、发展个性
学习他人优点、完善个性
参与共同活动，丰富个性
集体的力量！
来源是什么？
共同的目标
团结协作
怎样产生？
个人力量汇聚
个人力量优势互补.
可以培养
负责任的态度
人际交往
负责任的能力
基本态度
接纳
尊重
理解
包容.
团队team：3组
初2021级11班.
2019.5.8.

图6.2-13

我选择提前一周对所有班的课代表进行集中培训，让他们在了解“青春之夜”秀的流程基础上明白：第一，作为组织者，需要当晚去设计“青春之夜”秀的教师所需氛围，比如在黑板上写上有设计感的主题，准备彩带、气球等，同时在老师的资源基础上设计晚会用PPT，把每个组的《榜样青春修炼手册》提前拍下来，加入PPT，在小组演示时作为对应小组的背景；第二，作为主持人，根据基本流程设计好串词、管理纪律等；第三，在老师颁奖前3分钟内设计项目最后庆祝成功的方式，并带头操作。

当晚的开场方式呼应项目启动是王源的《青春修炼手册》，选择王源的另一首与青春相关的歌曲《十七》来隐喻项目结束，青春值得我们回味和珍惜，然后就是每个团队进行团队项目成果展示。每个团队背景是同频展示团队打造的独一无二《青春修炼手册》的图片，根据自己手册的风格进行展示，同时用相机进行录制。

最终，我们评出《最佳榜样青春修炼手册》和“最美青春秀”，并把最佳作品保存，每个班的《最佳榜样青春修炼手册》会保存在校图书馆，“最美青春秀”会在学校微信公众号、校园平台、年级平台进行展示。

评选出来的部分“最佳榜样青春修炼手册”如图6.2–14、图6.2–15、图6.2–16所示。

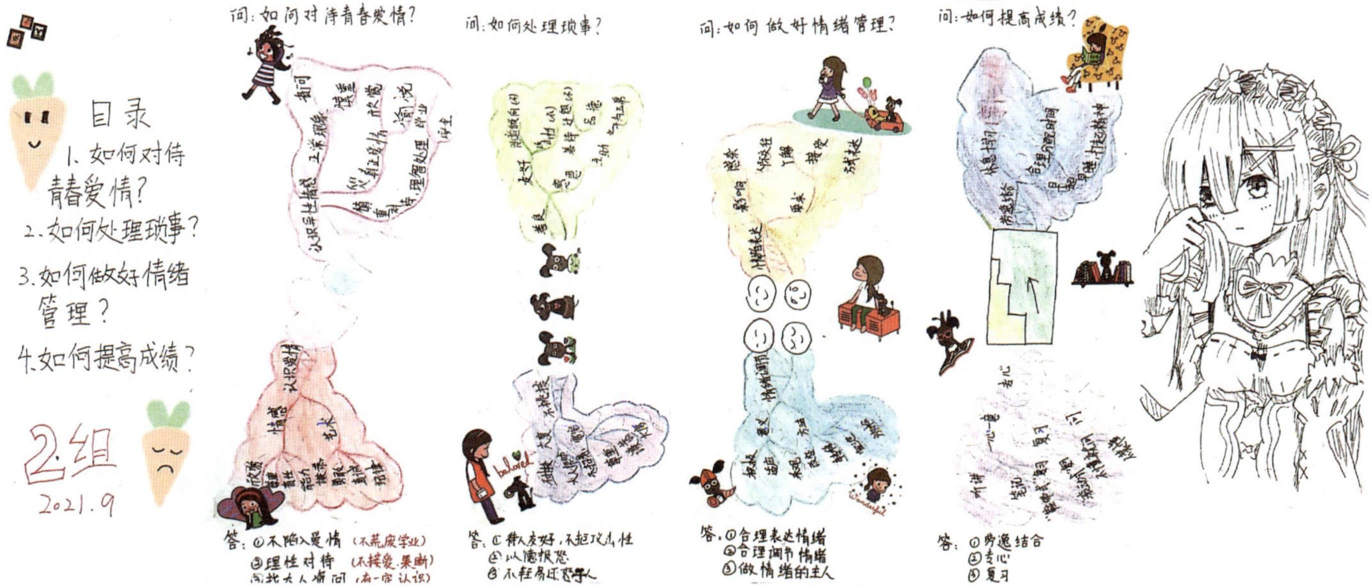

图6.2-14

点评：

这个团队创造性地把“奏折本”每一页分成一个区，用目录一目了然提出问题，然后结合思维导图的方式进行分区呈现。四个问题设计灵活，既来源于教材，又结合中学生的日常学习生活，提出了感兴趣的问题。每一个分区，先在每页最上面写出问题，然后对采访的问题用思维导图进行记录后，在下面区域进行文字总结。这种多元整合的方式，非常有创意。

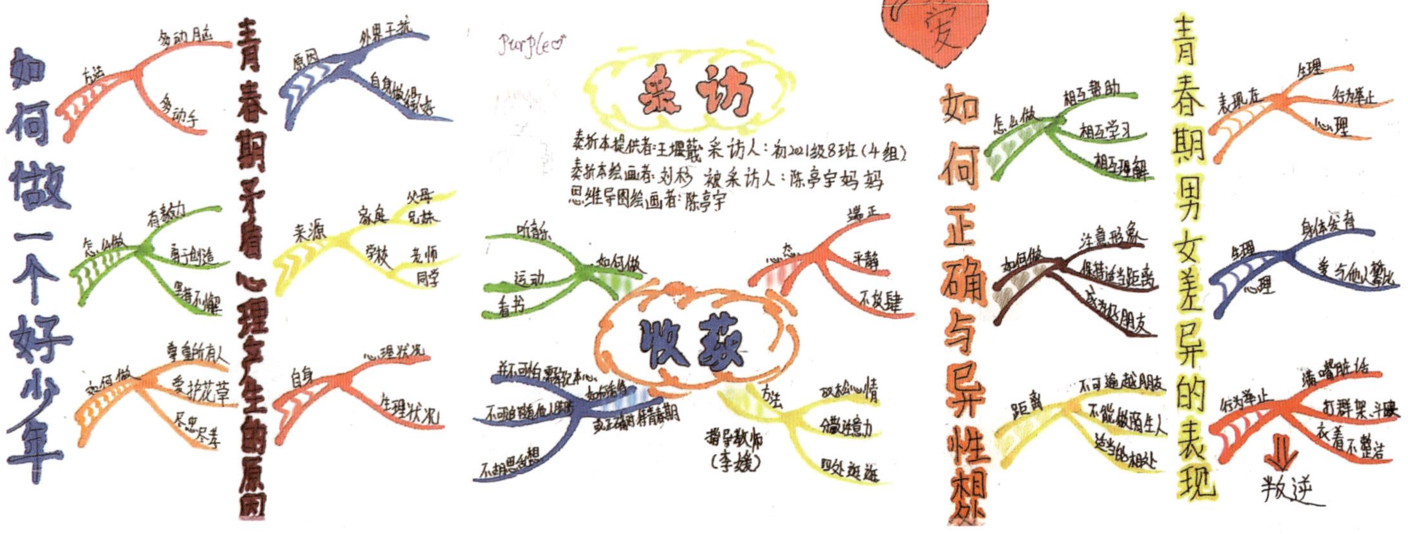

图6.2-15

点评：

这个团队在“奏折本”中间两页创造性地记录了团队成员在项目中奏折本的提供者、绘制者、思维导图的绘画者、采访人、被采访人、指导教师以及自己的收获，在其他四个部分采访中的四个问题结合奏折本的创新方式用竖排写着问题，每个问题后分三个角度进行记录。看得出来，团队进行了精心设计和非常用心的采访。

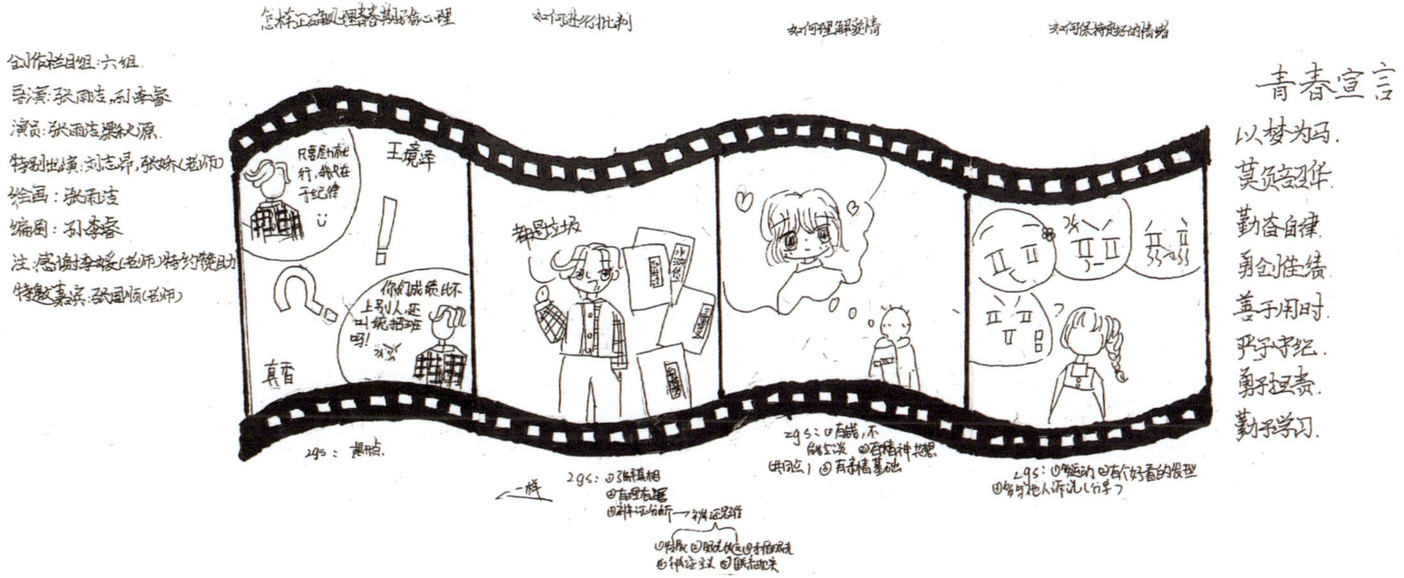

图6.2-16

点评：

这个团队在“奏折本”用了黑白照片结合漫画风格进行呈现，把每个问题后写在每个影片镜头上面，然后每个影片下面都进行了把采访人物说的关键词记录在下面，然后在奏折本开始的左边用电影的方式，记录了这个“大制作”背后的导演、演员、特别出演、绘画、编剧、指导老师、特邀嘉宾，并在奏折本最后一页写了青春宣言，邀请全班一起激情洋溢来读。

项目的回顾：

在“青春之夜”秀的时间安排里，展示结束后还有15分钟左右的时间，这个时间，我们就会及时进行项目的回顾。

除了及时的颁奖，各个班的课代表会自行设计简单的小仪式来庆祝。有些班是一起唱歌，有些班是前一排同学转身向后一排“GIVE ME FIVE”，有些是小组拥抱，都是课代表设计和带头做。

项目反思：

最后10分钟，我会带领同学们一起进行项目反思。首先我们会借助《榜样青春修炼手册》项目的思维导图，回顾四个阶段项目的流程，同样用思维导图思考整个项目自己的成长，分别从内容、过程和收获三个维度去分析。

首先，从内容角度思考，现在对驱动问题的回答，有没有学到其他科目的技巧，这样引导吸收思考自己参与项目是如何一步步做的。

其次，从过程角度思考，团队的合作是否有效，自己为团队做过什么；做的过程中使用了什么技巧，比如有效研究、问题解决等。

最后，让学生从总体收获角度谈谈这个项目的最大挑战，现在对于主题的新认识，以及自己的改进想法，这些都是借助PBL的思维让学生去进行反思。

在反思过程中，让每个同学先用3分钟自己填写，然后在团队里轮流分享，再请团队代表进行全班简要分享。最后，把所有同学的反思收上来。

思维导图版反思提纲如图6.2-17所示。

图6.2-17

学生的反思如图6.2-18所示。

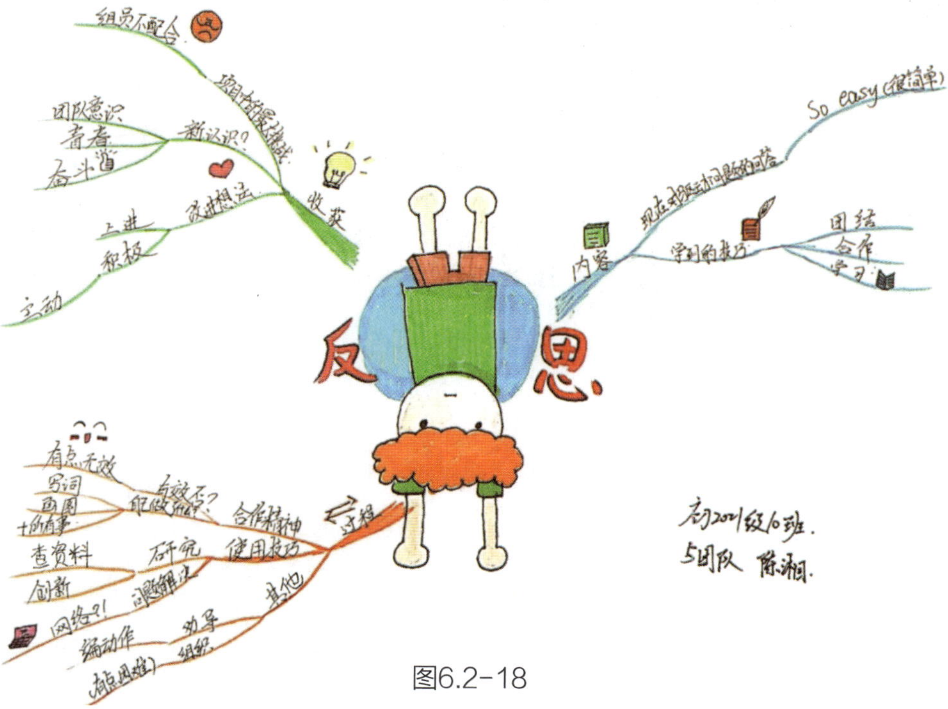

图6.2-18

在学生个人分享基础上，我提醒各团队队长填写之前思维导图版团队记录，并按照团队100分总分，在团队内根据贡献大小进行分配，标注在思维导图上。要求他们分数要对应于队员在反思中“自己做了什么”，观察是否一致，如果不一致，则要协商和调整分数。如图6.2-19所示。

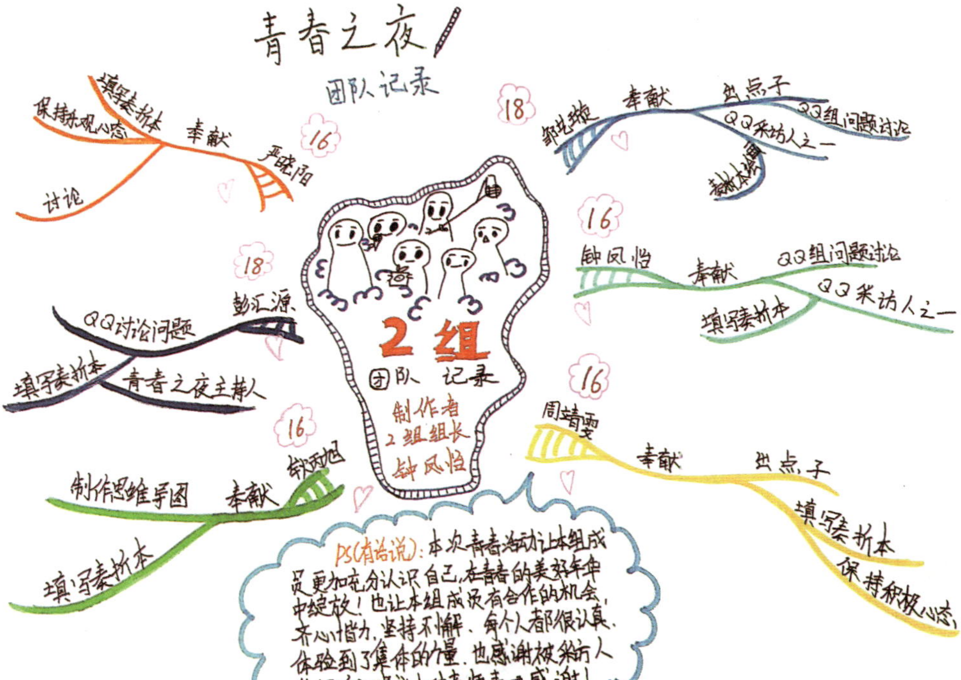

图6.2-19

在这个过程中，团队同学可能由于最后的“青春之夜”的不完美展示，借助反思重新在团队中表达自己的想法，沟通自己的期待，重新找到问题的解决方案，教师需要注意观察和引导某些团队，如果有批判性反思，提醒要把握和善、具体和有益的批判性原则。在团队分享基础上，在全班的分享中，全班同学会更好地传递项目过程中的收获和感动，分享自己团队的经验等。

通过学生的反思，了解到学生的声音。在此基础上，教师作为项目设计者也需要进行反思，至于反思的内容，我是参考约翰·拉尔默的《PBL项目学习》中相关内容，对项目进行整体反思回顾，以帮助改进和完善。例如，我综合了学生的反思和在整个项目过程中每个班的不同效果，综合思考做这个项目过程中遇到的挑战、驱动型问题的实现以及如何进行改进实现更好的项目效果等几个方面进行了反思，如图6.2-20所示。

图6.2-20

思维工具箱

1. 项目的设计教师可以在执行过程中对设计根据情况进行灵活调整，但大致需要保持一致。因此，思维导图设计大纲既要保证大方向的执行，也要保证细节上充满一定灵活性。

2. 在指导团队合作时，可以提前让同学们自己定团队的规则，可以更好帮助推动项目的落实。

3. 在项目操作中要用多元的方式记录和保存各种学生及时产生的资源，尤其是对于一个超过一个月的项目需要定期提醒学生保存资源，以备后期成果展示和回顾使用。

4. 根据学生情况，在给学生更多发挥的空间的同时也要给必要的示范，保证项目成果的专业性和质量。

5. 在每一次反思后，可以进一步利用以及逐年提高难度，比如在学生熟悉项目式学习之后，系统设计一学期的项目规划，更好地整合学科内容。

6. 在项目操作过程中，在思维导图基础上可以用测验和论文进行深度推动驱动问题的回答。

致　谢

ACKNOWLEDGEMENT

这本书的诞生，首先特别感谢敬爱的东尼·博赞先生，跟博赞先生的交流学习中，我意外收获了他亲笔打的A++，他就像一位神奇的魔法师，点亮了我的使命感，让我去努力给自己更多可能，在我所能影响的范围内给我的孩子、学生、教育同仁、朋友们更多的可能，让他们真正爱上思维导图，并在使用思维导图这个工具中实现人生的更多可能。在写书的过程中，心痛得知博赞先生往生了，虽然再也见不到博赞先生，我想把博赞先生课上谈及的心愿——让世界上更多的思维之花绽放，能够通过我和此书的力量去尽力实现，在此再次感恩和缅怀敬爱的博赞先生。

在写书的过程中，我还获得很多恩师的指点和鼓励，带我入思维导图大门的连瑞庭先生，让我领略思维无穷魅力的孟云剑先生，让我看到思维教学更多可能的赵国庆博士，让我体验到PBL教学的三有PBL的周华杰老师，世界记忆运动理事会亚太区主席张陆武先生，中国脑力锦标赛裁判长黄丽元女士对我提供的无私支持。

感谢一路走来，遇到太多思维相关领域的同伴，感谢李氏教育的李雪飞老师，鼓励我去创作这一本书；感谢单娟女士，为我提供第一次线上进行交流学习的平台；感谢同行于文娟老师，以及一直在鼓励、帮助我的何宏波老师；感谢我的工作单位——重庆市实验中学的领导和老师们，他们都给了我莫大的支持和鼓励。

感谢我的学生们，是可爱的他们让我乐于去摸索和一起尝试更多思维导图的教学应用的可能，让我们的课堂因思维导图而丰富精彩，让我的教学变得更有意义，本书的很多作品都来自这些可爱的学生的素材，是他们让本书变得真实和落地，是他们见证着每一堂课我们的共同成长。

这一本书的创作中，我的一对儿女分别才4岁和1岁，是小小的他们让我对教育有更大的期待，也特别感谢我的家人的理解和支持，鼓励我不断摸索，让我能有更多精力和时间去创作这一本书。

感谢中国青年出版社认同这本书的价值，感谢中国青年出版社的编辑刘吉先生在我写作中提供很多指导，还有很多后期编辑的老师们，是你们的支持与帮助让这本能够更好地呈现在读者面前。

要感谢的人无法一一列举，感谢每一位支持和帮助过我的人！

写到这里，书稿算是匆匆完成了。在写书的过程中，我发现还有更多思维导图可以继续迭代应用的地方，我深深地感受到，作为使用思维导图的教育者和推广者，我依然处于探索思维导图更深刻的本源和打开更多更好的应用边界的路上，在未来的路上，期待能和您更多碰撞，一起交流更多更新的领悟。这是我独立完成的第一本书稿，由于水平有限和经验不足，书中难免存在一些不足、不当甚至错误之处，还请广大读者不吝赐教。

李 媛

2019年4月22日于重庆